赠给　　　　　　老师：

感谢您为广州大学人才培养与发展建设做出的贡献。

编委会

我们的大学

广州大学教师立德树人工作记事（2022）

广州大学《我们的大学》编写组　编

暨南大学出版社
JINAN UNIVERSITY PRESS

中国·广州

图书在版编目（CIP）数据

我们的大学：广州大学教师立德树人工作记事.
2022 / 广州大学《我们的大学》编写组编. -- 广州：
暨南大学出版社，2024. 10. -- ISBN 978-7-5668-4039-4

Ⅰ. G645.12

中国国家版本馆 CIP 数据核字第 2024B9T160 号

我们的大学：广州大学教师立德树人工作记事（2022）
WOMEN DE DAXUE：GUANGZHOU DAXUE JIAOSHI LIDE SHUREN GONGZUO
JISHI（2022）

编　者：广州大学《我们的大学》编写组

出 版 人：阳　翼
责任编辑：黄　斯
责任校对：刘舜怡　陈慧妍　黄子聪
责任印制：周一丹　郑玉婷

出版发行：暨南大学出版社（511434）
电　　话：总编室（8620）31105261
　　　　　营销部（8620）37331682　37331689
传　　真：（8620）31105289（办公室）　37331684（营销部）
网　　址：http：//www. jnupress. com
排　　版：广州市新晨文化发展有限公司
印　　刷：广州市友盛彩印有限公司
开　　本：787mm×960mm　1/16
印　　张：13.75
字　　数：250 千
版　　次：2024 年 10 月第 1 版
印　　次：2024 年 10 月第 1 次
定　　价：59.80 元

广州大学 2022 年退休教师名录

（按姓氏笔画排序）

于茜薇	万　丽	马　洁	王　吉	王怀坚	王素贞	王继红
韦　炜	方碧真	尹朝晖	邓雪松	帅江涛	代　婧	宁　艳
吕明霞	朱冬雪	刘士平	刘允彦	刘　华	刘　迅	刘真延
刘雪河	刘惠君	刘惠琼	刘筱燕	江松强	汤海友	孙文高
孙穗穗	李　玺	李海燕	李　雪	李楚英	李锦林	杨希文
杨松才	杨素云	肖泽红	吴伟朝	吴雪娟	吴颖娟	冷德辉
宋专茂	张以琼	张春梅	张静民	陈丽萍	陈贤昌	陈　南
陈蓉西	欧洁华	尚小琴	罗日佳	罗　兰	冼筱樱	郑启颖
郑　洁	赵国华	赵　容	赵　蕾	胡　敏	钟云燕	钟玉琼
饶　斌	姜广英	姚　婧	贺锋林	徐汉荣	徐光飞	高　平
郭军林	郭　秦	陶剑飞	黄禧祯	曹卫真	曹　伟	龚兆先
梁隽华	彭杏枚	彭咏虹	揭廷红	蒋晓萍	蒋　琰	韩　英
韩忠杰	曾大兴	曾庆国	谢小琼	谢晓华	雷晓云	詹康生
蔡　耘	蔡容超	裴继刚	廖仲平	熊丽霞	熊　健	黎彤彪
潘文澜	霍惠平					

（共计：100 位）

广州大学 2022 年新入职教师名录

（按姓氏笔画排序）

Asad Khan   Azhar Mahmood   Joshua Seun Olajide   Muhammad Qayyum

Padhiar Muhammad Amin   Rana Muhammad Sohail Jafar   Umer Sharif

丁之境	丁宇烽	于洛迪	于晨阳	万 闪	马玉佩	王子熙
王亚东	王行知	王泽宇	王 俊	王振涛	王晓云	王 益
王 浩	王鸿鑫	王深清	王维荣	王雅萍	王靖雯	韦施伊
牛艳飞	方壮城	方 超	方 舒	尹 倩	邓 妍	邓颖玉
古川叶	龙以明	卢 易	卢河志	卢甜甜	叶兆阳	叶 忱
叶 茂	田跃辉	代睿智	代 鑫	乐入榕	邝运明	邝 磊
冯俊杰	冯 娜	宁 波	皮 眸	皮 强	邢未未	巩秉刚
朴文玲	曲冬阳	吕克非	朱 宁	朱永滨	朱 庆	朱忠才
朱家富	伍智义	任晓军	刘双荣	刘玉青	刘 田	刘永富
刘 欢	刘 园	刘 佳	刘思琪	刘莲君	刘湘勇	刘静雯
关跃峰	米 琳	江惠琴	许 扬	许雨晴	许春续	孙志慧
孙坚栋	孙 勇	孙 哲	孙晓雪	孙婧婧	扶晓琴	苏伯鸿
杜石谦	杜兆宏	杜洁瑞	李小莉	李小鹏	李 凡	李子昂
李飞球	李文轩	李圣凯	李亚峰	李 权	李伟玲	李 军
李 红	李 良	李所期	李拴魁	李 俊	李家熙	李冕杰
李淑琦	李 婵	杨光星	杨 旸	杨英俪	杨 栋	杨 虹
杨晓扬	杨海洋	杨绪晨	杨颖频	杨 慧	肖艺伟	肖凌云
时昊天	时铁柱	吴玉芳	吴志芳	吴建宏	吴 超	利振华
邱 丽	何佳佳	何 波	何 洁	何嘉欣	何 锴	余 茜
邹太龙	冷海涛	汪 鑫	宋 婷	张子东	张艺渊	张少飞
张东阳	张乐君	张冬桥	张 成	张成君	张 宇	张宇靖
张 弛	张红星	张丽霞	张苗苗	张 林	张 珍	张 俊
张 洁	张恺元	张晓鑫	张 健	张 维	张 博	张棋斐
张晶杰	陆宝悦	陆思婷	陈文辉	陈 刚	陈自强	陈志江

陈志鹏	陈丽玉	陈玮玥	陈岩	陈银	陈程	陈婷婷
陈鹏	陈颖娇	陈聪	陈蕾	武欣	武海燕	苗连娟
茅一道	罗宁	罗亚茹	罗敏	罗熙	和家贤	岳怡斐
金科	周丹	周莹	周淑丽	周博	庞彦	郑子豪
郑志琼	郑景元	郑慧娟	郑蕾	房晓俊	孟永杰	孟霜桥
赵天乐	赵传	赵珂	赵思琦	荣建	胡晓宁	柯善明
钟火清	钟佳容	钟群佑	段后胜	侯本塔	侯智红	侯瑞涛
姜雨欣	姜磊	姜黎	秦迪	袁宇阳	袁超	耿莉
莫凌梓	顾伟刚	顾明赟	徐光侠	徐雁欣	徐燕	高鸿铭
高隆	高策	郭大滨	郭立	郭永钦	郭永真	郭志男
郭宏鹏	郭培胜	郭然	唐弓斌	唐波	唐思雅	唐萌
唐旖天	谈雨晴	黄卫	黄宁宁	黄建栋	黄家强	黄敏晴
黄晶	黄颖	曹晖	曹锐	崔佰慧	崔荣雪	崔璨璨
符厚山	康浩博	梁昊	梁金连	彭飞	彭云	彭婉璐
葛志成	董长宇	董波	蒋理	韩尚锋	韩凌	韩崇
覃乐	喻彬	喻臻钰	程鹏	焦正利	童超然	温春阳
游建民	谢红	谢奇	谢明媚	谢莹莹	谢晓如	蒙玲
路承功	路瑞娥	窦亚飞	蔡习文	蔡嘉宁	蔡磊	管皓
廖威翔	谭樊马克	熊歆妮	缪静敏	樊成亮	黎海梅	黎景卫
潘宇飞	薛菁	戴登云	魏杰	蹇侠		

（共计：313 位）

序

　　2017 年我们开始编写教师版《我们的大学》，旨在为广州大学的老师们每一年的大学故事"立传"，这是该系列的第 6 本。作为编写者，我们想把老师们一年 365 天的行迹记录下来，让大家知道我们的老师在担负为党育人、为国育才的使命，在建设中国特色社会主义一流创新型大学的过程中有着怎样的精彩表现，努力为每一位出新出彩的广大教师留下他们为学、为事、为人的示范实践。

　　2022 年，举世瞩目的中国共产党第二十次全国代表大会胜利召开，开启了以中国式现代化全面推进中华民族伟大复兴的新征程。党的二十大报告指出，要坚持教育优先发展、科技自立自强、人才引领驱动，加快建设教育强国、科技强国、人才强国。我们的老师深入学习习近平新时代中国特色社会主义思想，全面贯彻落实党的二十大精神，在学校党委的团结带领下，心怀"国之大者"，与时代同步，与学校同行，与学生同心，以习近平新时代中国特色社会主义思想铸魂育人，朝着建设一流创新型大学目标踔厉奋发，勇毅前行，展现出广州大学老师们爱国爱党、立德树人、自信自强、追求卓越的精神风貌和"四有"好老师的优良品质。

　　2022 年教师版《我们的大学》收录的"大学故事"中，有服务"国之大者"的杰出科学家、优秀学者，他们在港珠澳大桥、嫦娥五号探测器、C919大飞机、新品种大豆等"国之重器"和"大国工程"建设中留下了"广大人"追求卓越的足迹；有以带领团队入选"全国高校黄大年式教师团队"的周福霖院士为代表的教学名师、最美教师，他们既是传道授业的"大先生"，也是科技建功的"领头雁""生力军"，几十年如一日躬耕教坛，作育英才，书写着强国有我的时代强音；还有一些"好老师""女英豪"，他们把课堂延伸到校外、拓展到祖国大地，将教书育人、实践育人有机结合，在服务乡村振兴、"一带一路"倡议等国家战略上贡献"广大力量"。除此以外，还有 24 小时守护师生健康的医护人员、保障师生日常起居饮食的后勤人员、积极投身战"疫"筑牢校园疫情防控的党员干部，等等。他们用拼搏奋斗展现责任担当，以默默付出诠释爱岗敬业，在平凡的岗位上成就不平凡的故事，汇聚成一曲广大教师团结奋进的"大合唱"。上文提到的是比较有代表性的事迹，是我们的老师在一年辛劳工作中的缩影。这样的老师、这样的故事在书中还有很多，在我们的校园里还有很多，我们为学生能遇到这么多好老师而欣喜，为学校能拥有这么多好老师而骄傲，正是有一支这样思德高尚、业务精湛、本领过硬、敬业勤勉的教师队伍，才成就了今天的广州大学。

作为第6本教师版《我们的大学》，延续之前的编排体例，素材基本来自各学院、科研机构和职能管理部门、教辅单位，在此谨对各有关单位的供稿深表谢意。但由于篇幅有限，我们只能收录部分内容，所以难免有少量精彩内容未能采撷。

本书在编写过程中难免有疏漏和错误之处，恳请广大读者不吝指正。

本书编写组

2023 年 10 月

目　录

目录

六月

七月

八月

九月

十一月

十二月

师表留踪 /117

师表撷影 /129

广州大学教师立德树人工作记事（2022）

我们的大学

January 一月

1月1日　赵中源、黄罡老师在《政治学研究》刊文

《政治学研究》2022年第1期刊登马克思主义学院赵中源教授、黄罡老师论文《国家治理现代化的内在理性、变革逻辑与实践形态》。这是近年来赵中源教授团队在《政治学研究》发表的第5篇国家治理现代化研究学术论文。人大复印报刊资料《中国政治》2022年第7期全文转载。

（供稿：马克思主义学院）

1月2日　邓毅老师团队获2021年度美国缪斯设计奖（MUSE Design Awards）和法国诺芬设计奖（Novum Design Award）六项金奖

建筑与城市规划学院邓毅教授团队主持设计的大湾区四项建筑规划项目获2021年度美国缪斯设计奖（MUSE Design Awards）和法国诺芬设计奖（Novum Design Award）六项金奖。其中珠海横琴国际交易广场和珠海文化艺术中心项目获缪斯设计奖建筑设计铂金奖2项，平沙新城城市设计和横琴CBD城市设计项目获缪斯设计奖城市设计金奖2项、诺芬设计奖城市规划金奖2项。

（供稿：宣传部　科研院）

1月6日　朱多明老师荣获"2021年度高等院校外国专家国际合作奖"

1月6日，经广东省高等教育学会高校外国文教专家工作委员会专家评审，外国语学院法语专业外籍教师朱多明荣获"2021年度高等院校外国专家国际合作奖"。

（供稿：外国语学院）

1月6日 刘宝辉老师获评 2021 年广州榜样年度发布"最美先进典型"

1月6日，"奋进新征程"2021年广州榜样年度发布活动揭晓，我校刘宝辉教授获评"最美先进典型"。刘宝辉教授二十多年如一日从事大豆重要性状遗传与功能基因研究。他带领研究团队进行技术研发、品种培育、成果转化，培育的大豆新品种 2017—2020 年累计推广 508 万亩，为农民增收 2 亿元；2020 年百亩连片种植实收测产亩产达 292.37 公斤，比我国大豆平均亩产 132 公斤提高一倍以上。

（供稿：科研院、生命科学学院）

1月7日 郑李垚老师课题组在 *Organic Chemistry Frontiers* 发表封面文章

化学化工学院郑李垚副教授团队报道了一类新型钌（Ru）催化反应，从简单易得的间羟基苯甲酸和二芳基炔烃出发，合成了一系列多取代、官能化的苯并呋喃分子。该反应普适性强、选择性高，且操作便捷，对水和氧不敏感，能放大至克级规模合成。该反应使用生物质基 γ – 戊内酯作为溶剂、空气作为温和的氧化剂，具有很高的原子和步骤经济性，符合绿色化学和精准化学的发展要求。该工作以 "Synthesis of functionalized diarylbenzofurans via Ru-catalyzed C-H activation and cyclization under air：rapid access to the polycyclic scaffold of diptoindonesin G" 为题发表在 *Organic Chemistry Frontiers*，该期刊是中国化学会、中国科学院上海有机化学研究所和英国皇家化学会合办的有机化学领域权威期刊。

（供稿：化学化工学院）

1月7日　陈潭等老师入选第四届广东省应急管理专家委员会

1月7日，广东省应急管理厅在其官方网站发布《关于对拟入选第四届广东省应急管理专家委员会人员名单的公示》。其中，我校公共管理学院陈潭教授（广州大学南方治理研究院院长）、刘雪明教授（广州廉政建设研究中心主任）、王枫云教授（广州大学大都市治理研究中心主任）、谢俊贵教授（广州大学社会创新研究中心主任）4 位专家入选第四届广东省应急管理专家委员会综合管理专业组专家委员。

（供稿：公共管理学院）

1月9日　刘瑾、王晋军等老师负责的广东省教学质量与教学改革工程建设项目获批

1月9日，根据《广东省教育厅关于公布 2021 年广东省本科高校教学质量与教学改革工程建设项目立项名单的通知》（粤教高函〔2021〕29 号），我校刘瑾、王晋军等老师负责的 37 个项目获批立项，包括 5 个课程教研室、2 个专项人才培养计划、2 个科产教融合实践教学基地、1 个大学生社会实践教学基地、2 个现代产业学院、1 个校企联合实验室和 24 个高等教育教学改革项目。

广州大学 2021 年省级教学质量与教学改革工程建设项目一览表

序号	所属单位	项目名称	负责人	项目类别
1	音乐舞蹈学院	艺术与审美系列课程教研室	刘瑾	课程教研室

（续上表）

序号	所属单位	项目名称	负责人	项目类别
2	外国语学院	高年级英语理论课程教研室	王晋军	课程教研室
3	创新创业学院	创新创业理论与实践教研室	王满四	课程教研室
4	数学与信息科学学院	新时代大学数学课程群教研室	冯永平	课程教研室
5	计算机科学与网络工程学院	大学计算机课程教研室	吴杰	课程教研室
6	法学院（律师学院）	数字法治创新人才培养计划	邱雪梅	专项人才培养计划
7	教育学院（师范学院）	卓越小学教师培养计划	杨晓霞	专项人才培养计划
8	机械与电气工程学院	广州大学－广州数控设备有限公司实践教学基地	吴文强	科产教融合实践教学基地
9	管理学院	广州大学－广东省工程造价协会实践教学基地	陈德义	科产教融合实践教学基地
10	人文学院	广州大学－广东省电影家协会青年影视创作基地	王凤霞	大学生社会实践教学基地
11	土木工程学院	智慧建造与减震安全学院	谭平	现代产业学院
12	新闻与传播学院	南方传媒学院	田秋生	现代产业学院
13	管理学院	智慧物流与供应链协同创新实验中心	刘广海	校企联合实验室
14	新闻与传播学院	面向乡村振兴的卓越传媒人才培育与探索	王艺	高等教育教学改革项目
15	土木工程学院	面向智能建造的土木工程一流专业培养体系构建与实践	汪大洋	高等教育教学改革项目
16	机械与电气工程学院	"三位一体"课程思政下的工科学科基础课教学改革与实践	邹涛	高等教育教学改革项目

序号	所属单位	项目名称	负责人	项目类别
17	人文学院	对标师范认证的汉语言文学专业第二课堂育人体系构建	褟健聪	高等教育教学改革项目
18	新闻与传播学院	传诵中华经典　讲好中国故事——"一课两翼　四轮驱动"推进大学美育实践创新	张爱凤	高等教育教学改革项目
19	物理与材料科学学院	价值引领"理厚工精"专创融合型人才培养模式研究与实践	王洪光	高等教育教学改革项目
20	马克思主义学院	思政课程与课程思政深度协同的有效机制研究	冉杰	高等教育教学改革项目
21	生命科学学院	生物科学设计性实验的设计与创新	柯德森	高等教育教学改革项目
22	外国语学院	基于云平台学生用户体验提升大学英语混合式教学成效研究	彭念凡	高等教育教学改革项目
23	地理科学与遥感学院	"三全育人"视域下地理学科课程思政的探索与实践	李文翎	高等教育教学改革项目
24	环境科学与工程学院	基于雨课堂 BOPPPS 教学模型的环境生物学混合式教学改革	王剑桥	高等教育教学改革项目
25	外国语学院	高校课程思政多维评价体系的研究与实践	刘春杰	高等教育教学改革项目
26	音乐舞蹈学院	基于音乐学师范认证体系下的声乐课线上线下 O2O 混合教学模式的改革研究与实践	王洪涛	高等教育教学改革项目
27	数学与信息科学学院	高等代数教学中渗透建模思想的探索与实践	钟育彬	高等教育教学改革项目

广州大学教师立德树人工作记事（2022）

（续上表）

序号	所属单位	项目名称	负责人	项目类别
28	化学化工学院	高水平大学建设中卓越化学教师培养的探索与实践	关宏宇	高等教育教学改革项目
29	公共管理学院	行政管理专业课程思政与思政课程协同推进的现状调查与优化对策设计：以广州大学为例	王枫云	高等教育教学改革项目
30	美术与设计学院	信息化背景下师范生"三笔字"书写能力提升路径的理论探索与实践创新	曹杰钊	高等教育教学改革项目
31	建筑与城市规划学院	以创新思维为核心的个性化培养的建筑设计课程教学改革	赵阳	高等教育教学改革项目
32	管理学院	一流本科专业建设背景下旅游管理专业"课程思政"育人模式研究	肖佑兴	高等教育教学改革项目
33	教师发展与教学评估中心	认证制度背景下师范类专业持续改进体制机制构建研究与实践	江波	高等教育教学改革项目
34	电子与通信工程学院	面向电信工程领域若干复杂工程问题的构建与教学实践	秦剑	高等教育教学改革项目
35	教育学院（师范学院）	融合教育背景下特殊教育专业人才培养模式的反思与改进	陈穗清	高等教育教学改革项目
36	计算机科学与网络工程学院	面向网络安全人才培养的《网络空间安全法规教育》教学模式的构建	姜誉	高等教育教学改革项目
37	经济与统计学院	新工科背景下理学特色大数据专业人才培养模式探索与实践	戴宏亮	高等教育教学改革项目

（供稿：教务处）

1 月 10 日　毛桃嫣老师获广东省委教育工委表彰

1 月 10 日，广东省委教育工委对全省高校师生党员"知史爱党"党史学习挑战赛的学习积极分子和优秀组织进行了表彰，在受表彰的全省 100 名积极分子中，化学化工学院毛桃嫣老师榜上有名。

（供稿：化学化工学院）

1 月 10 日　胡艳芝、林晖等老师指导的团队获评 2021 年"推普助力乡村振兴"全国大学生社会实践志愿服务优秀团队

1 月 10 日，我校收到教育部语言文字应用管理司、共青团中央青年发展部发来的表扬信，教育学院胡艳芝等老师指导的"四海同音——广州大学教育学院推普志愿服务队"和人文学院林晖等老师指导的"星火燎原"推普行动队在全国大学生社会实践志愿服务活动中表现优异，被评为 2021 年"推普助力乡村振兴"全国大学生社会实践志愿服务优秀团队，全国仅 100 支团队获此荣誉。

（供稿：教务处、校团委）

1 月 16 日　王满四老师荣获广东教学名师称号

在广东省教育厅公布的第十届广东省高等学校教学名师奖（本科）评选中，创新创业学院王满四教授荣获"第十届广东省高等学校教学名师奖（本科）"。

（供稿：创新创业学院）

1 月 18 日　陶东风等老师在《文学评论》刊发论文

《文学评论》2022 年第 1 期刊发人文学院三篇学术论文，分别是陶东风教授的《论见证文学的真实性》、陈剑晖教授的《近年散文话语的转换及新变——以新文化大散文与非虚构写作为观察点》和张诗洋老师的《"新人"归

旧学——民国留美学生张彭春的国学书目和作文训练》。

（供稿：人文学院）

1月18日　谢爱磊老师在 *Poetics* 发表最新研究成果

教育学院谢爱磊副教授于 *Poetics*（《诗学》）在线发表论文 "Desirability, technical skills, and misrecognition: cultural capital and rural students social integration in elite Chinese universities"（《可欲，可能与可及：文化资本与精英高校农村学生的社会适应》）。该研究运用一项持续多年的针对农村大学生的追踪数据，讨论了传统的分析文化资本的两条理路在理解转型社会时的局限，主张把握文化资本的关系性，指出了可以"误认"为分析文化资本发挥作用的第三条理路。

（供稿：科研院）

1月20日　肖思为老师指导学生的朗诵作品《你与红星闪闪》荣获广东省高校艺术作品征集展演艺术表演类一等奖

广东省教育厅举办了全省高校艺术作品征集展演暨高校原创文化精品交流展示活动。新闻与传播学院肖思为老师指导学生的朗诵作品《你与红星闪闪》荣获艺术表演类一等奖。该作品深刻地体现了本次艺术作品征集展演"庆百年华诞，谱复兴篇章"的活动主题，堪称一部有高度、有深度的朗诵艺术精品。

（供稿：新闻与传播学院）

1月21日　赵中源老师在《光明日报》理论版刊文

1月21日，《光明日报》理论版头条刊发马克思主义学院赵中源教授理论文章《国家治理现代化理论建构的逻辑与遵循》。文章从国家治理现代化理论生成的内在逻辑、国家治理现代化理论创造的"中国话语"、国家治理现代化理论建构的"中国范式"、国家治理现代化理论哲学基础的"中国意蕴"四个方面探讨了国家治理现代化理论建构的逻辑与遵循。文章一经刊出，求是网、人民网、光明网、学习强国平台、搜狐网等媒体纷纷转载，产生了良好的社会反响。

（供稿：马克思主义学院）

1月23日 舒玉蓉老师在物理学顶级期刊 PRL 发表研究成果

物理与材料科学学院舒玉蓉老师在国际物理学顶级期刊 *Physical Review Letters*（简称 *PRL*）发表了题为 "Nonequilibrium dynamics of deconfined quantum critical point in imaginary time" 的研究成果。

（供稿：科研院、物理与材料科学学院）

1月23日 牛利等老师荣获 2021 年中国产学研合作创新与促进奖

化学化工学院牛利老师荣获 2021 年产学研合作创新奖（个人），我校申报的"水性涂料关键技术研发及产业化"项目（主要完成人：刘自力、刘晓国、林璟、左建良、刘华溪、韦星船、陈站、宋松林、米仁禧、申海利）荣获 2021 年产学研合作创新成果奖。

国家科技奖励工作办公室批准设立的"中国产学研合作促进会产学研合作创新与促进奖"，是在构建以企业为主体、市场为导向、产学研深度融合的技术创新体系中，面向产学研界设立的协同创新最高荣誉。

（供稿：科研院、化学化工学院）

1月25日 张景中院士荣获2021年"CCF终身成就奖"

1月25日，中国计算机学会发布《2021年"CCF终身成就奖"评选结果公告》，计算机科学与网络工程学院张景中院士获得该奖项。

"CCF终身成就奖"于2010年设立，授予在计算机科学、技术和工程领域取得重大突破，成就卓著、贡献巨大的资深中国计算机科技工作者。CCF奖励委员会授予我校张景中院士2021年"CCF终身成就奖"，以表彰他为中国计算机事业的发展做出的卓越贡献。

（供稿：计算机科学与网络工程学院）

1月27日 周福霖院士及其团队承担深圳赛格广场大厦振动问题相关工作获肯定

1月27日，深圳市住房和建设局向我校发来感谢信，对工程抗震研究中心周福霖院士及其科研团队在赛格广场大厦"5·18"楼宇振动事件分析工作中做出的重要贡献表示感谢。

（供稿：工程抗震研究中心）

我们的大学

February 二月

2月1日　陈志伟老师在《哲学研究》刊文

《哲学研究》2022年第2期刊登马克思主义学院陈志伟副教授的论文《查尔斯·泰勒实在论思想辩难——兼论泰勒与罗蒂之争》，这是陈志伟副教授现代哲学研究的最新成果。人大复印资料《哲学文摘》2022年第4期全文转载。

（供稿：马克思主义学院）

2月4日　田志宏老师团队作为"冬奥网络安全卫士"团队之一成功支撑第24届冬奥会系统平台

2月4日至3月13日，第24届冬奥会和冬残奥会在中国北京和张家口举行。田志宏老师团队带领方滨兴班受聘为"冬奥网络安全卫士"，作为冬奥会网络安全的测试员和情报员，与多位中国优秀的网络安全与技术人员组建成一支技术卓越的网络安全中国代表队，积极协助寻找冬奥会信息技术系统的防护短板和漏洞，拓宽冬奥会网络安全威胁情报信息搜集渠道。在各安保单位的共同努力下，北京冬奥会和残奥会实现"零事故"。田志宏老师团队为守护冬奥网络安全贡献了专业力量。

（供稿：网络空间安全学院）

2月6日　陈月文、蔡冰老师获评"广东省2022年度学生资助工作者典型"

2月6日，广东省教育厅发布《关于公布2022年度广东省学生资助典型的通知》。我校学生处陈月文老师、教育学院蔡冰老师获评"广东省2022年度学生资助工作者典型"。

（供稿：学生处）

2月8日　胡春等老师上榜全球学者库

全球学者库网站公布了针对学者的排名，以学者发表的学术论文情况作为主要评分依据，评价学者的学术影响力。本次共有10万名学者上榜，国内环境科学与工程领域有1064名学者上榜，其中包括我校胡春、闫兵、肖唐付、张高生4位老师。

（供稿：环境科学与工程学院）

2月9日　周福霖院士团队入选"全国高校黄大年式教师团队"

2月9日，教育部公布了第二批"全国高校黄大年式教师团队"的认定结果，我校周福霖院士领衔的"减震防灾教师团队"成功入选。这是我校团队首次入选"全国高校黄大年式教师团队"。

"全国高校黄大年式教师团队"是为贯彻落实习近平总书记对黄大年同志先进事迹重要指示精神，切实推进高校教师团队建设，打造高素质、专业化、创新型高校教师队伍所创建的活动。

（供稿：工程抗震研究中心、土木工程学院）

2月9日　熊忆老师及其指导学生作品一同入选"炫丽民族风"第四届中国时装画大展

2月9日，美术与设计学院产品设计专业教师熊忆老师的时装画作品《尖头瑶》入选中国美术家协会举办的2022年"炫丽民族风"第四届中国时装画大展，同时其指导的2018级服装设计专业陈楚政同学的时装画作品《藏刻》也入选该大赛，师生共获佳绩。

（供稿：美术与设计学院）

2月13日　毛芳瑶老师荣获广东大中专学生志愿者暑期文化卫生科技"三下乡"社会实践活动"优秀教师"称号

新闻与传播学院毕节实践队荣获广东大中专学生志愿者暑期文化卫生科技"三下乡"社会实践活动"优秀实践团队"称号，毛芳瑶老师荣获"三下乡"社会实践活动"优秀教师"称号。新闻与传播学院师生在此次社会实践活动中策划并顺利开展了"粤黔网红电商直播""推普助力乡村振兴"等活动，成效显著，获得当地有关部门的高度赞扬。

（供稿：新闻与传播学院）

2月21日　李强老师应邀在美国北佛罗里达大学就健康偏好研究开展交流

2月21日，公共管理学院政府管理系副教授、乡村振兴研究院秘书长李强博士应邀在美国北佛罗里达大学考金商学院开展学术交流。李强以题为"Brother's keeper：son preference and older sister's health"的最新研究做了学术汇报。

（供稿：公共管理学院）

2月22日　周利敏老师入选第四届广东省应急管理专家委员会

2月22日，广东省应急委员会办公室、广东省应急管理厅发布《关于调整第四届广东省应急管理专家委员会副主任委员和增补两名委员的通知》，我校公共管理学院副院长周利敏教授增补为第四届广东省应急管理专家委员会委员。

（供稿：公共管理学院）

2月26日　曾大兴、罗宏老师荣获广东省文化学会年度"最具影响力奖"

2月26日，广东省文化学会举办2022年迎春年会，表彰一批先进文化工作者与集体。年会评出年度"最具影响力奖"（2名），人文学院曾大兴教授、罗宏教授荣获该奖项。

（供稿：人文学院）

我们的大学

March　三月

3月1日 马玉宏老师获评第十二届南粤巾帼十杰（广东省三八红旗手标兵）

工程抗震研究中心执行主任马玉宏教授获得第十二届南粤巾帼十杰（广东省三八红旗手标兵）称号，并在广东各界妇女纪念"三八"国际妇女节112周年座谈会上作为代表发言。

南粤巾帼十杰每两年评选一次。2022年广东省妇联围绕科技创新主题，大力弘扬科学家精神，激励广大妇女为推动建设更高水平的科技创新强省发挥"半边天"作用，评选了第十二届南粤巾帼十杰，同时授予广东省三八红旗手标兵称号。

（供稿：工程抗震研究中心、宣传部、科研院）

3月4日 薛小龙老师参与研究成果被纳入全国政协提案并引起广泛关注

由我校管理学院院长薛小龙教授，港珠澳大桥管理局营运发展部部长张鸣功，全国政协委员、港珠澳大桥管理局总工程师苏权科，全国政协委员、交通运输部科学研究院总工程师王先进共同整理撰写的资政建议《关于制定我国重大交通基础设施运营规程，提升安全运营服务水平的建议》（刊于《交通发展与改革研究》2022年第1期，总第260期），获交通运输部主要领导肯定批示。同期，该研究成果的共同作者苏权科，以政协提案的方式，将此资政建议提交至全国政协十三届五次会议并获得行业和社会的广泛关注，学习强国平台、人民政协网、应急管理部网站、《中国应急管理报》、《南方》杂志、《南方都市报》、澎湃新闻等予以宣传报道。

（供稿：管理学院）

3月15日　孔凡江、刘宝辉老师团队在 *Cell* 子刊 *Current Biology* 发文揭示 SOC1 同源基因的进化与变异提高大豆产量

3月15日，生命科学学院孔凡江、刘宝辉教授研究团队在国际期刊 *Current Biology* 在线发表了题为"A functionally divergent SOC1 homolog improves soybean yield and latitudinal adaptation"的研究论文，解析了 Tof18（SOC1a）调控大豆产量和纬度适应性的分子机制。

（供稿：科研院、生命科学学院）

3月15日　黄旭老师获聘广州市重大决策社会稳定风险评估专家

根据《中共广州市委政法委员会关于聘请黄旭等98名同志为广州市重大决策社会稳定风险评估专家的通知》，我校公共管理学院副教授、南方治理研究院研究员黄旭获聘为广州市重大决策社会稳定风险评估专家。

（供稿：公共管理学院）

3月16日　周雨等老师获得广州市组织系统调研课题优秀成果奖项

3月16日，根据2021年度全市组织系统调研课题优秀成果的通报，我校共有4项调研课题获奖。广州发展研究院周雨老师负责的《新时代党员红色精神教育内容供给侧改革研究》获二等奖；学生处陈月文老师负责的《本土红色资源在新时代大学生爱国主义教育中的价值与融合研究——以广州地区为例》获三等奖；学生处邹静莹老师负责的《建党百年广州组织建设统计分析》和统战部卢捷老师负责的《红色资源赋能党员教育融合发展新格局行动方案实践研究——以广州红色资源集散融合模式构建为例》获优秀奖。

（供稿：组织部、学生处）

3月17日　刘宝辉、芦思佳老师分获"十四五"国家重点研发计划重点专项课题和科技部项目立项

由中国科学院遗传与发育生物学研究所牵头，联合广州大学、南京农业大学、东北农业大学、浙江大学、山东大学、华中农业大学、山东农业大学、中国科学院华南植物园、中国农业科学院作物科学研究所等十家单位申请的"十四五"国家重点研发计划"农业生物重要性状形成与环境适应性基础研究"重点专项"揭榜挂帅"项目"大豆高产优质性状形成的分子调控网络及其协同改良机制（项目编号：2021YFF1001200）"获得资助。生命科学学院刘宝辉教授作为课题三"大豆光周期与产量品质形成分子调控机理（课题编号：2021YFF1001203）"负责人主持课题1个，课题经费1900万元（项目总经费8000万元）。由生命科学学院芦思佳教授牵头，联合山东农业大学和黑龙江八一农垦大学申请的"基于染色体片段代换系挖掘大豆密植高产基因及机制解析"项目，入选科技部国家重点研发计划"农业生物重要性状形成与环境适应性基础研究"重点专项青年科学家项目，总经费400万元。

（供稿：宣传部）

3月28日　林璟老师课题组最新研究成果在 Chemical Engineering Science 刊登

化工领域国际顶尖期刊 Chemical Engineering Science（《化学工程科学》）刊登了化学化工学院林璟副教授团队等人为第一作者单位的最新研究成果：Smart Janus membrane for on-demand separation of oil, bacteria, dye, and metal ions from complex wastewater［Chemical Engineering Science，2022（253）：117586］。

（供稿：科研院、化学化工学院）

3月28日　刘兆清等老师指导学生斩获第十七届"挑战杯"国奖两项

3月28日，第十七届"挑战杯"全国大学生课外学术科技作品竞赛终审

决赛落下帷幕。全国共有 1300 余件课外学术科技竞赛作品进入国赛，刘兆清老师指导的参赛团队凭借《钴基尖晶石氧催化剂的设计调控及其锌空电池应用》作品、刘鹏和刘汝锋老师指导的参赛团队凭借《淀粉基柔性传感材料的制备》作品摘得全国三等奖。

第十七届"挑战杯"广州大学学生作品获奖一览表

项目名称	项目类别	学科类别	项目成员	指导老师	获奖情况
钴基尖晶石氧催化剂的设计调控及其锌空电池应用	自然科学类	能源化工	王玲、钟嘉欢、杨榕宜、黄家辉、谢嘉慧	刘兆清	国赛三等奖
淀粉基柔性传感材料的制备	科技发明 A 类	能源化工	韦林洁、郑楚燕、严铟蕾、刘晓怡、张永程、叶俊	刘鹏、刘汝锋	国赛三等奖

（供稿：化学化工学院）

3 月 28 日　张景中等老师负责的 42 门/次课程首批上线国家高等教育智慧教育平台

3 月 28 日，全球规模最大、门类最全、用户最多的智能化高等教育公共服务平台——国家高等教育智慧教育平台正式开通，平台汇聚国内外优质大学、老师与课程资源，为全国高校师生和社会学习者提供高效便捷的教学与服务。张景中等老师负责的 42 门/次课程首批上线国家高等教育智慧教育平台（https：//higher. smartedu. cn），上线门数位列广东省高校第 6 名。

广州大学首批上线国家高等教育智慧教育平台课程一览表

序号	所属学院	课程负责人	课程名称	开课平台
1	计算机科学与网络工程学院	张景中	动态几何	爱课程（中国大学 MOOC）
2				学堂在线
3	马克思主义学院	胡宜安	生死学	爱课程（中国大学 MOOC）
4				学堂在线
5				优课在线
6				学银在线
7	马克思主义学院	吴九占	中国近现代史纲要	学堂在线
8				优课在线
9				学银在线
10	马克思主义学院	吴九占	回望江山——走进中国近现代历史拐点的深处	优课在线
11				学银在线
12	音乐舞蹈学院	刘瑾	带你听懂中国传统音乐	学堂在线
13	公共管理学院	徐凌	行政管理学	智慧树
14	机械与电气工程学院	江帆	机械原理	优课在线
15	土木工程学院	周云	土木工程结构抗震	智慧树
16	马克思主义学院	陈咸瑜	西方哲学经典赏析	学堂在线
17				优课在线
18				学银在线
19	新闻与传播学院	田秋生	马克思主义新闻理论基础	学银在线

（续上表）

序号	所属学院	课程负责人	课程名称	开课平台
20	地理科学与遥感学院	张新长	智慧城市	学银在线
21				学堂在线
22	生命科学学院	田长恩	生命科学与人类生活	优课在线
23				学银在线
24	环境科学与工程学院	李淑更	水污染控制工程	学银在线
25	创新创业学院	张延平	精益创业	优课在线
26				学堂在线
27	经济与统计学院	王孟欣	统计学	优学院
28	马克思主义学院	吴九占	中国共产党历史1921—2021	学银在线
29	马克思主义学院	吴九占	新时代中国特色社会主义理论与实践	学银在线
30	体育学院	张怀钊	大学体育1（篮球）	学堂在线
31	体育学院	张怀钊	大学体育2（篮球）	优课在线
32	人文学院	王睿	中国文化名著导读	学堂在线
33				优课在线
34				学银在线
35	人文学院	郑周明	大学写作	优学院
36	外国语学院	黎志敏	现代英语诗歌赏析	优学院
37	公共管理学院	王霞	政治学原理	智慧树
38	机械与电气工程学院	江帆	机械创新与发明	优课在线
39	计算机科学与网络工程学院	吴昱	编译原理	优学院

三月

（续上表）

序号	所属学院	课程负责人	课程名称	开课平台
40	土木工程学院	周孝清、王欢	热质交换原理与设备	智慧树
41	创新创业学院	王满四	创业基础	优课在线
42				学银在线

（供稿：教务处）

3月31日　许莹冰老师指导学生视频作品在"百年风华·美好光影"短视频创作大赛中获奖

3月31日，在香港紫荆杂志社主办的"百年风华·美好光影"短视频创作大赛中，新闻与传播学院许莹冰老师指导的学生团队作品《许士杰：与人民为伍，与时代同行》与《百年风华　崛起羊城》荣获优秀奖。

（供稿：新闻与传播学院）

我们的大学

April 四月

4月8日　王晋年老师当选新一届中国遥感委员会副主席

4月8日，中国遥感委员会第二届委员会换届大会在北京召开，中国遥感委员会办公室主任吴洁在会上宣读了中国遥感委员会新一届全体委员名单，地理科学与遥感学院王晋年教授当选新一届中国遥感委员会副主席并荣获"突出贡献奖"，吴志峰教授当选常务委员，杨现坤副教授当选为委员；地理科学与遥感学院当选为中国遥感委员会第二届委员单位。

（供稿：地理科学与遥感学院）

4月8日　喻彬老师指导的作品《黎明前的枪声》《矢志报国》分别获得"粤易缩影"微视频作品二等奖、三等奖

近日，广东省教育厅公布了第六届广东高校网络媒体展示节活动结果，新闻与传播学院喻彬老师指导的作品《黎明前的枪声》《矢志报国》分别获得"粤易缩影"微视频作品二等奖、三等奖。

（供稿：新闻与传播学院）

4月14日　王孟成老师团队在 Frontiers in Psychology 期刊发表学术论文

4月14日，教育学院王孟成教授团队的最新研究"Do you feel included? a latent profile analysis of inclusion in the Chinese context"发表于 Frontiers in Psychology（SSCI-Q1，5-year IF = 4.426）。瞿皎姣教授为文章第一作者，通讯作者为王孟成教授。

（供稿：教育学院）

4月14日　牛利等老师被爱思唯尔（Elsevier）评为2021年"中国高被引学者"

4月14日，全球性信息分析公司爱思唯尔（Elsevier）正式发布了2021年"中国高被引学者"（Highly Cited Chinese Researchers）榜单，牛利教授、彭峰教授、袁红平教授、王国军教授、范立生教授、黎家教授和张靖仪教授位列其中。

（供稿：管理学院、物理与材料科学学院、化学化工学院、生命科学学院、计算机科学与网络工程学院）

4月15日　刘兆清等老师获2021年广东省科学技术奖

4月15日，广东省科技创新大会在广州召开，会上颁发了2021年度广东省科学技术奖，180个项目（人）获奖。我校5项成果荣获广东省科学技术奖，其中以第一完成单位获得自然科学奖二等奖1项、科技进步奖二等奖3项，科技合作奖1项。此外，以非第一单位获得科技进步奖一等奖1项。

我校获奖项目中，化学化工学院刘兆清教授主持的"清洁能源材料与功能化器件"项目获得自然科学奖二等奖；机械与电气工程学院向建化教授主持的"复合吸液芯微热管制造技术及其产业化"项目、土木工程学院周孝清教授主持的"公共机构数字化绿色改造技术集成方法和应用"项目和焦楚杰教授主持的"绿色高性能砂浆的关键技术创新与产业化"项目获得科技进步奖二等奖。物理与材料科学学院外籍教授巴丹尼（Denis Bastieri）获得科技合作奖，这是我校教师第一次获得该奖项。同时，我校计算机科学与网络工程学院高鹰教授参与的项目获得科技进步奖一等奖。

（供稿：科研院）

4月15日　谢明香等老师指导的5个项目在广东省"立志·修身·博学·报国"主题教育系列活动中取得优异成绩

新闻与传播学院谢明香老师指导的《"大党建"引领"新乡村"——关于广州对口毕节帮扶干部工作成果的调研报告》、李彦老师指导的《走进"烈士村"，聆听红色苏区的故事》、喻彬老师指导的《以青春之我创青春之中国——诗朗诵我的祖国》《骨灰里的九块弹片》、毛芳瑶老师指导的《等待》等 5 个项目，在广东省"立志·修身·博学·报国"主题教育系列活动中取得优异的成绩。新闻与传播学院大学生思想政治教育方面的优秀成果，推动了思想政治教育体系建设。

（供稿：新闻与传播学院）

4 月 22 日　彭坚老师在 *Journal of Business Ethics* 上发表最新研究成果

管理学院彭坚副教授在管理学、商学领域重要学术期刊 *Journal of Business Ethics* 上发表题为"Peer reaction to manager stewardship behavior：crediting or stigmatizing the behavior?"的科研论文。彭坚副教授为文章的第二作者兼（共同）通讯作者。

（供稿：科研院）

4 月 22 日　牛利老师当选俄罗斯工程院外籍院士

4 月 22 日，俄罗斯工程院院长 B. V. Gusev 向化学化工学院牛利教授发来贺信，祝贺他当选俄罗斯工程院外籍院士，并希望他为中俄两国的持续发展开展创造性和富有成效的科学和技术合作。该届新当选院士由俄罗斯工程院中国中心于 2021 年统一推荐，俄罗斯工程院按照程序进行评选。这是历年来华人专家当选最多的一次，也是中俄两国建立新时代全面战略协作伙伴关系、共同举办中俄科技创新年活动结出的又一硕果。

俄罗斯工程院是由俄罗斯科学院、工科部、国防部等部门联合于 1990 年成立的科学机构，它是俄罗斯三大跨行业科学机构之一。

（供稿：化学化工学院）

4月23日 朱竑老师担任首席专家的国家社会科学基金重大项目"革命老区'红色文化＋旅游'融合发展研究"开题论证会举行

4月23日，2021年度国家社会科学基金重大项目"革命老区'红色文化＋旅游'融合发展研究"开题论证会以线上方式举行。该项目由地理科学与遥感学院朱竑教授担任首席专家。来自南开大学、中山大学、华东师范大学等院校的评议组专家，学校副校长张其学教授，科研院、地理科学与遥感学院相关负责人等参加了会议。

（供稿：宣传部）

4月25日 吴志峰、陈颖彪老师及其研究团队编写的"实景三维"系列两项团体标准正式发布实施

中国和平利用军工技术协会发布公告，地理科学与遥感学院吴志峰院长、陈颖彪教授及其研究团队作为副主编单位负责编写的"实景三维"系列两项团体标准《基于倾斜航空摄影的实景三维模型构建技术规范》（编号：T/CPUMT 002—2022）和《基于实景三维模型的数字测图技术规范》（编号：T/CPUMT 003—2022）经审定通过并予以正式发布，两项标准自2022年4月25日起实施。"实景三维"系列两项标准的正式发布实施，标志着实景三维中国建设一项重要成果的产生，为先进、准确、规范构建实景三维中国，指导相关行业实景三维模型构建与测图实践提供重要技术参考。

"实景三维"系列两项团体标准现已在中国和平利用军工技术协会网站和全国团体标准信息平台公布，正式版本将由中国标准出版社出版。

（供稿：地理科学与遥感学院）

4月27日　王锋、邓辉老师参与中国空间站工程巡天望远镜科学数据处理系统研制

4月27日，物理与材料科学学院王锋教授、邓辉教授获得中国空间站工程巡天空间望远镜（简称 CSST）科学工作联合中心正式任命，分别担任中国空间站工程巡天望远镜科学数据处理系统数据流子系统技术负责人和管理负责人。

此次获得 CSST 科学工作联合中心的正式岗位任命，标志着我校在海量科学数据处理方面的研发能力进一步得到了国家认可。

（供稿：宣传部、科研院）

4月28日　刘嘉政老师喜获2022 incoPat 高校精英赛二等奖

4月28日，2022 incoPat 新科技检索大赛"未来 IP 专家"高校精英赛公布结果，我校图书馆馆员和学生喜获二等奖、三等奖各1项，其中图书馆学科服务部馆员刘嘉政老师在大赛中表现优异，荣获二等奖。

（供稿：图书馆）

4月28日　谢如鹤老师出版专著《农产品冷链物流与政府扶持》

管理学院谢如鹤教授主持的国家社科基金面上项目的阶段性成果《农产品冷链物流与政府扶持》，近期由社会科学文献出版社出版（ISBN 978 - 7 - 5201 - 9655 - 0）。

（供稿：管理学院）

4月29日　杜帅黎老师参与"巾帼心向党　喜迎二十大"活动宣传曲《领航》MV录制

4月29日，应广州市妇联邀请，音乐舞蹈学院杜帅黎老师和学院舞蹈团、合唱团代表参加了"巾帼心向党　喜迎二十大"群众性主题宣传教育活动，在广州塔参与歌曲《领航》MV录制。杜帅黎老师作为小提琴手首先拉响了优美的乐章，各界妇女群众高举旗帜，用昂扬的歌声，抒发炽热的爱党情怀，引领带动更广泛的妇女群众牢记嘱托跟党走，感恩奋进向未来，做新时代最美的巾帼奋斗者。

（供稿：音乐舞蹈学院）

4月30日　董志诚老师团队在小麦基因组中检测到增强子转录

Genome Biology 期刊发表了生命科学学院分子遗传与进化创新研究中心董志诚老师科研团队与复旦大学、中国科学院分子植物科学卓越创新中心团队合作的最新研究成果"Enhancer transcription detected in the nascent transcriptomic landscape of bread wheat"。该研究首次报道了植物中的增强子转录，初步阐释了增强子转录在小麦基因表达调控中的作用，为增强子作用机制的研究及高产优质小麦育种提供了重要参考。

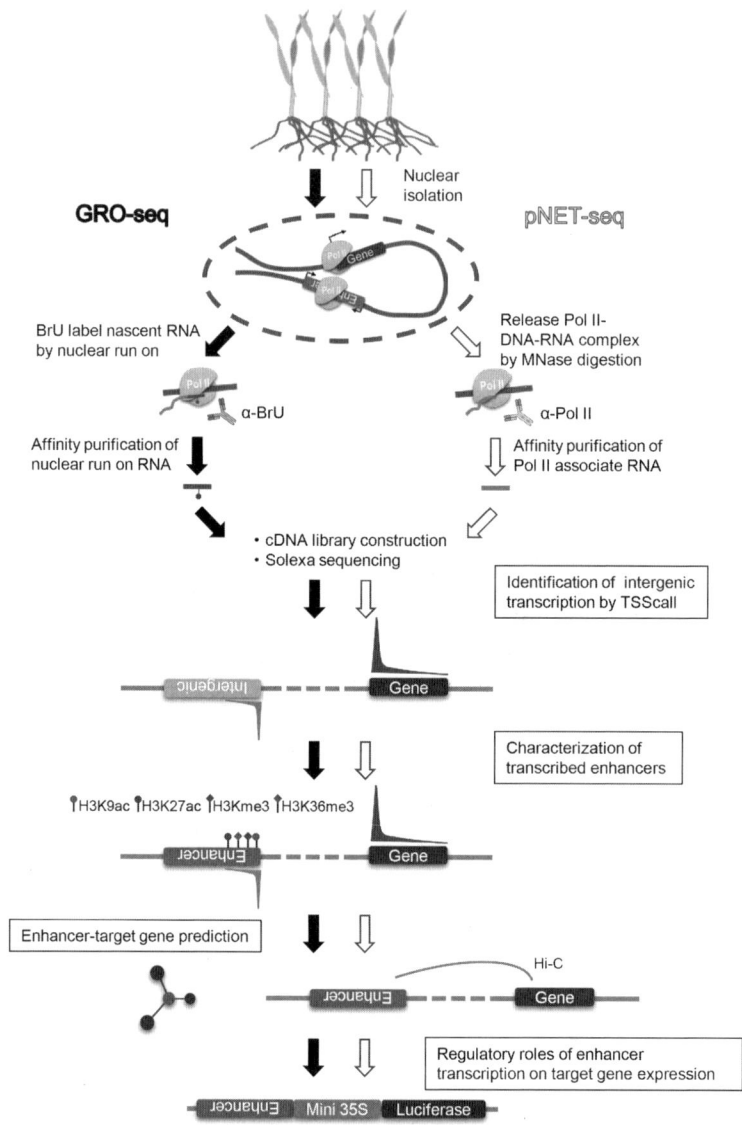

面包小麦中增强子转录的检测及其功能解析与验证

（供稿：生命科学学院）

我们的大学

May　五月

5月6日 董石桃老师主持的国家社科基金2019年度项目免鉴定结项

5月6日，全国哲学社会科学工作办公室官方网站发布《2022年4月国家社科基金年度项目、青年项目和西部项目结项情况》。其中，公共管理学院教授、广州廉政建设中心副主任董石桃主持的"网络时代中国特色廉政建设中公民有序参与研究"课题免于鉴定而顺利完成结项（课题批准编号：19BKS043，结项证书编号：20221441）。

（供稿：公共管理学院）

5月10日 曾丽红老师团队撰写的调研报告《关于新媒体在涉台宣传工作中的应用研究》荣获2021年度广州市对台理论研究优秀成果一等奖

5月10日，中共广州市委对台工作领导小组办公室发布《关于2021年度广州市对台理论研究优秀成果的通报》。其中，由番禺区委台办报送、新闻与传播学院曾丽红教授团队撰写的调研报告《关于新媒体在涉台宣传工作中的应用研究》荣获一等奖。

（供稿：新闻与传播学院）

5月11日 王邦芬等老师的最新科研成果在 *Chemical Engineering Journal* 发表

化工学科 TOP 期刊 *Chemical Engineering Journal* 发表了题为"Machine-learning-assisted high-throughput computational screening of metal-organic framework membranes for hydrogen separation"的研究论文。化学化工学院刘芝婷博士、王邦芬博士后和乔智威教授为通讯作者，广州大学为第一单位。

（供稿：化学化工学院）

5月11日 屈哨兵等老师入选"2022中国高贡献学者"榜单

5月11日，全国第三方大学评价研究机构艾瑞深校友会网"2022中国高贡献学者"榜单正式发布，人文学院屈哨兵、陶东风、刘晓明、吴相洲以及公共管理学院陈潭等五位教授入选。

（供稿：人文学院、公共管理学院）

5月12日 余煜刚等老师的4篇论文获广东省高校党建研究会本科分会2021年年会论文评比一等奖

5月12日，广东省高校党建研究会本科分会发布了关于表彰2021年年会获奖论文和优秀组织的决定，法学院余煜刚、曾馨婵老师负责的《以"锚"成"效"：高校党史学习教育落细落小落实之路径——以广州大学"沉浸式"党史学习教育活动为例》，人文学院王琼、张立、陈楚敏、沙敏、欧阳玮、胡益慧、彭鹏生老师负责的《新时代高校"1＋5N"高质量培训模式下党员思想状况调查》，土木工程学院黄元丰老师负责的《红色文化融入高校学生党支部组织生活的创新研究》，统战部卢捷老师负责的《广州地区高校党建带"关建"的问题及对策探析》4篇优秀论文均获得一等奖，广州大学获优秀组织奖。

（供稿：组织部）

5月14日 吴紫璇老师长笛音乐会在星海音乐厅成功首演

5月14日晚，"星海艺博苑"系列的"吴紫璇的长笛密码"音乐会在星海音乐厅举行首演。音乐会由音乐舞蹈学院长笛演奏专业老师吴紫璇担任女主角和编剧，音乐表演系副主任刘惠明副教授担任钢琴伴奏。

音乐会上，吴紫璇精心挑选了与其旅欧学习密切相关的经典及创新长笛作品。此外，她还在音乐会上为观众提供导赏，为大家讲述曲目背后的故事。

2020年，吴紫璇结束八年旅欧学习回到广州，成为广州大学音乐舞蹈学院长笛演奏专业教师。

（供稿：音乐舞蹈学院）

5月16日　付祥喜、李舜华老师的论文在《文学评论》发表

最新发行的《文学评论》（2022 年第 3 期）同期刊发人文学院老师的两篇论文，分别是付祥喜教授的《中国现代作家书信的"公"与"私"——以鲁迅书信与文集、全集编纂为例》、李舜华教授的《从复古、性灵到会通：刘汤论乐与隆万间文学思潮的嬗变》。

（供稿：人文学院）

5月17日　王家海老师团队在国际能源知名期刊 *Nano Energy* 发表最新锂电池研究成果

化学化工学院王家海教授团队联合香港科技大学邵敏华教授，在国际知名能源期刊 *Nano Energy* 上发表题为"Simultaneous interfacial interaction and built-in electric field regulation of GaZnON@ NG for high-performance lithium-ion storage"的研究成果，孙长龙博士后为第一作者，我校为第一单位，王家海教授和邵敏华教授为共同通讯作者。

（供稿：科研院、化学化工学院）

5月18日　荣宏伟等老师完成的6项成果获广东省教育教学成果奖

广东省教育厅发布了《关于公布2021年广东省教育教学成果奖获奖项目的通知》，荣宏伟等老师完成的6项成果获广东省教育教学成果奖。其中，一等奖1项，二等奖5项。同时，我校参与了中山大学牵头主持的特等奖项目1项，汕头大学牵头主持的一等奖项目1项。

广州大学获2021年广东省教育教学成果奖一览表

成果类别	推荐成果名称	成果主要完成人	获奖等级
高等教育	认证驱动　产教协同：给排水科学与工程卓越人才培养的改革与实践	荣宏伟、方茜、张立秋、赵晴、曹勇锋、骆华勇、王竞茵、赵美花	一等奖
	"五育并举"全学段全覆盖育人模式的实践与创新	屈哨兵、聂衍刚、马凤岐、刘瑾、禤健聪、黄志凯、温志昌、刘雪明、蔡忠兵、祝振军、朱丹丹、汤晓蒙	二等奖
	心理健康类课程PROBE五步探究教学法的探索与实践	聂衍刚、孙楠、杨文登、窦凯、曾红、路红、陈少华、刘海涛	二等奖
	面向国家战略的扶贫资源育人实践与创新	谢治菊、蒋红军、何瑞豪、林曼曼、左康华、王满四	二等奖
基础教育	基于院－校协作的多元一体民族融合教育模式构建与实践	谢翌、吴小兰、刘晖、刘子云、胡欣华、梁兆	二等奖
	大学引领，协同驱动：中学人文经典教育的模式创新与实践	禤健聪、林晖、邵长思、黄荣德、王凤霞、哈迎飞	二等奖

（供稿：教务处）

5月21—22日　姚睿、马鸽等老师团队在第二届全国高校教师教学创新大赛广东分赛暨广东省高校教师教学创新大赛中获奖

5月21—22日，第二届全国高校教师教学创新大赛广东分赛暨广东省高校教师教学创新大赛现场决赛在线上举行。经大赛组委会资格审查、省赛网络评审、现场决赛、公示，新闻与传播学院姚睿老师的参赛团队获正高组一等奖（特等奖），将代表广东省参加第二届全国高校教师教学创新大赛；环境科学与工程学院吕来老师的参赛团队获正高组三等奖。机械与电气工程学院马鸽老师的参赛团队获中级及以下组二等奖，教育学院孙楠老师和外国语学院刘春杰老师的参赛团队获中级及以下组三等奖，新闻与传播学院曾岑老师的参赛团队获中级及以下组优秀奖。地理科学与遥感学院陈小梅老师、管理学院宋丹霞老师获副高组优秀奖。同时，我校获得优秀组织奖。

广州大学教师团队在第二届全国高校教师教学创新大赛广东分赛暨

广东省高校教师教学创新大赛获奖一览表

序号	组别	参赛课程	主讲教师	团队成员	奖项
1	正高组	影视剧本创作	姚睿	田秋生、张爱凤、夏清泉	一等奖（特等奖）
2		水净化界面微观过程	吕来	胡春、张发根、高耀文	三等奖
3	中级及以下组	电路	马鸽	柳晶晶、黄文恺、邹涛	二等奖
4		咨询心理学	孙楠	聂衍刚、杨文登、窦凯	三等奖
5		世界文明史	刘春杰	陈永祥、马占明	三等奖
6		出镜记者与现场报道	曾岑	张爱凤、肖思为、刘涛	优秀奖

（续上表）

序号	组别	参赛课程	主讲教师	团队成员	奖项
7	副高组	综合自然地理	陈小梅		优秀奖
8		企业管理咨询	宋丹霞		优秀奖

（供稿：教师发展与教学评估中心）

5月21—22日　谢灿杰老师获第九届广东高校辅导员素质能力大赛三等奖

5月21—22日，由广东省教育厅主办的第九届广东高校辅导员素质能力大赛在珠海科技学院举行。管理学院谢灿杰老师作为入职3年的年轻辅导员，在校赛选拔中以优异的成绩突围，代表学校参加决赛，经过激烈的角逐，获得三等奖的好成绩。这是管理学院辅导员连续两年代表学校出征广东高校辅导员素质能力大赛并获得优异成绩。

（供稿：管理学院）

5月26日　谭平老师带领的国家重点研发计划项目"工业化建筑隔震及消能减震关键技术"顺利通过结题验收

由谭平研究员带领的工程抗震研究中心科研团队，会同各参与单位，顺利完成了国家重点研发计划项目"工业化建筑隔震及消能减震关键技术"（项目编号：2017YFC0703600）的结题验收。

（供稿：工程抗震研究中心、土木工程学院）

5月27日　刘云生老师担任首席专家的教育部哲学社会科学研究重大课题攻关项目——"民法典民族性表达与制度供给研究"举行开题报告会

5月27日，法学院刘云生教授担任首席专家的教育部哲学社会科学研究重大课题攻关项目——"民法典民族性表达与制度供给研究"举行开题报告会。会议以线上与线下相结合的方式举行，来自教育部社科评价中心、中国人民大学、吉林大学、中南大学、华南理工大学、暨南大学等高校和广州市中级人民法院、广州知识产权法院、广州市海珠区人民法院、徐闻县人民法院等近三十家单位的领导、专家、法官参加了会议。

（供稿：宣传部）

5月27—30日　禤健聪、陈楚敏老师指导学生在第十三届"挑战杯"广东大学生创业计划竞赛中斩获金奖

5月27—30日，由共青团广东省委员会、广东省教育厅、广东省科学技术厅、广东省科学技术协会、广东省学生联合会共同主办，广东外语外贸大学、白云区人民政府承办的第十三届"挑战杯"广东大学生创业计划竞赛终审决赛在广东外语外贸大学举行。人文学院"言传师魂"——师范生演说能力培训创业项目通过层层选拔，进入总决赛。项目由人文学院禤健聪教授、陈楚敏老师与管理学院周璐老师共同指导，项目成员杨健龙、许小榕、赵曼晴、吴雨轩、沙敏为汉语言文学专业师范生。该项目在本次大赛中脱颖而出，斩获省赛（文化创意与区域合作类）金奖。

（供稿：人文学院）

5月28日　黄丽娟等老师获评第十二届全国大学生电子商务"创新、创意及创业"挑战赛广东赛区省级选拔赛"最佳指导教师""优秀指导教师"

5月28日，第十二届全国大学生电子商务"创新、创意及创业"挑战赛广东赛区省级选拔赛在华南师范大学举行，比赛采用"线上＋线下"方式进行，本次"三创赛"增加了跨境电商赛道。我校大学生团队斩获8项省级大奖，其中特等奖1项、一等奖1项、二等奖3项、三等奖1项、最佳创业奖1项、最佳创新奖1项。管理学院黄丽娟老师同时获评"最佳指导教师"及"优秀指导教师"，管理学院马大卫老师获评"最佳指导教师"，创新创业学院王满四老师获评"优秀指导教师"。

（供稿：宣传部）

5月29日　张新风、张崇岐老师指导学生团队在"正大杯"第十二届全国大学生市场调查与分析大赛总决赛获一、二等奖

5月29日，在"正大杯"第十二届全国大学生市场调查与分析大赛本科组总决赛中，经济与统计学院张新风老师指导的参赛项目《"走为上计"——从多视角探究走亲戚的变迁》获得一等奖、《学无"纸"境——高校学生无纸化学习模式下的投入程度及效用研究》获得二等奖。同时，张新风、张崇岐老师指导的参赛项目获研究生组总决赛二等奖。此外，我校还获得本届大赛（本科组）最佳院校组织奖。

（供稿：经济与统计学院）

5月31日　刘晓初、孔凡江老师获评2022年广州"最美科技工作者"

广州市科学技术协会组织开展了2022年广州"最美科技工作者"学习宣传活动。经过发动、推荐、遴选、公示等环节，最终产生了20名2022年广州"最美科技工作者"，机械与电气工程学院刘晓初教授、生命科学学院孔凡江教授位列其中。

（供稿：科研院、机械与电气工程学院、生命科学学院）

5月31日　葛军、潘书生老师指导的学生在硅基原子级忆阻器研究中取得进展

物理与材料科学学院葛军和潘书生老师指导的材料科学与工程专业2021级研究生马泽霖以"Reliable memristor based on ultrathin native silicon oxide"为题在A类期刊 *ACS Applied Materials & Interfaces* 发表研究成果。该成果为制备可大规模生产的、CMOS工艺兼容的神经形态硬件以及信息加密硬件提供了新思路。

（供稿：物理与材料科学学院）

我们的大学

June　六月

6月1日　汪晓曙老师受邀参加"大师艺术课"系列公益分享活动

由广州市文学艺术界联合会指导，广州文艺志愿者协会主办，广州黄埔书院承办的"大师艺术课"系列公益分享活动第九期在广州黄埔书院开展。广州美术家协会主席、美术与设计学院教授、艺术创作研究中心执行主任汪晓曙作为嘉宾，从艺术家的历史使命感、时代责任感和社会担当几个方面做了"艺术创作的心路历程"主题分享，吸引了广大读者朋友在线观看学习。

（供稿：美术与设计学院）

6月1日　吴阳松老师在《马克思主义研究》刊文

《马克思主义研究》2022年第6期刊登了马克思主义学院吴阳松教授的论文《习近平对科学社会主义基本原则的创造性实践》。《新华文摘》2022年第20期对该论文做了论点摘编。

（供稿：马克思主义学院）

6月6日　章典老师团队研究成果入选2021年度"中国地理科学十大研究进展"

经中国地理学会会士和学会所属各分支机构推荐，以及2021年度"中国地理科学十大研究进展"遴选专家组评审，并经过中国地理学会十二届十一次常务理事会议审议批准，中国地理学会发布十项成果入选2021年度"中国地理科学十大研究进展"。地理科学与遥感学院章典教授团队研究成果《青藏高原邱桑温泉的20万年古人类手脚印》入选。

（供稿：宣传部、地理科学与遥感学院）

6月8日　郭凯老师研究成果在高水平期刊 *Chemical Engineering Journal* 上发表

物理与材料科学学院郭凯教授与澳大利亚昆士兰科技大学陈志刚教授合作研究了高性能热电材料GeTe中稀土元素（Eu、Gd、Er和Tm）在Ge位取代对其热电性能的影响。上述工作以"The effect of rare earth element doping on thermoelectric properties of GeTe"为题发表在 *Chemical Engineering Journal*（IF = 13.273）。

（供稿：物理与材料科学学院）

6 月 10 日　陈咸瑜等老师负责的 39 门课程入选 2021 年度省级一流本科课程

6 月 10 日，《广东省教育厅关于公布 2021 年度省级一流本科课程认定结果的通知》（粤教高函〔2022〕10 号）发布，共认定 834 门课程为 2021 年度省一流本科课程。我校陈咸瑜等老师负责的 39 门课程入选，认定数量居全省高校第 4 位，通过率达 86.7%。入选的 39 门课程包括线上一流课程 5 门、线下一流课程 15 门、线上线下混合式一流课程 16 门、社会实践一流课程 3 门。

广州大学 39 门课程入选 2021 年度省一流本科课程一览表

序号	课程类型	课程名称	课程负责人	所属学院
1	线上一流课程	西方哲学经典赏析	陈咸瑜	马克思主义学院
2	线上一流课程	大学体育 1（篮球）	张怀钊	体育学院
3	线上一流课程	中国文化名著导读	王睿	人文学院
4	线上一流课程	生命科学与人类生活	田长恩	生命科学学院
5	线上一流课程	创业基础	王满四	创新创业学院
6	线下一流课程	刑事诉讼法	张泽涛	法学院（律师学院）
7	线下一流课程	物权法	刘云生	法学院（律师学院）
8	线下一流课程	幼儿园课程	叶平枝	教育学院（师范学院）
9	线下一流课程	教育哲学	苏启敏	教育学院（师范学院）
10	线下一流课程	语言学导论	王晋军	外国语学院
11	线下一流课程	新媒体传播	刘雪梅	新闻与传播学院
12	线下一流课程	房地产投资分析	陈琳	管理学院
13	线下一流课程	行政伦理学	王枫云	公共管理学院
14	线下一流课程	服装专题设计	罗洁	美术与设计学院
15	线下一流课程	化工专业实验	梁红、乔智威	化学化工学院
16	线下一流课程	地理信息系统	陈颖彪	地理科学与遥感学院

（续上表）

序号	课程类型	课程名称	课程负责人	所属学院
17	线下一流课程	机器人学	朱大昌	机械与电气工程学院
18	线下一流课程	网络空间安全法规教育	姜誉	计算机科学与网络工程学院
19	线下一流课程	钢结构设计原理	刘坚	土木工程学院
20	线下一流课程	结构力学	汪大洋	土木工程学院
21	线上线下混合式一流课程	财务管理	任政亮	经济与统计学院
22	线上线下混合式一流课程	马克思主义新闻理论基础	田秋生	新闻与传播学院
23	线上线下混合式一流课程	物流系统分析与设计	黄祖庆	管理学院
24	线上线下混合式一流课程	BIM 技术与应用	张元新	管理学院
25	线上线下混合式一流课程	政治学原理	王霞	公共管理学院
26	线上线下混合式一流课程	中国民族音乐	屠金梅	音乐舞蹈学院
27	线上线下混合式一流课程	化工热力学	邹汉波	化学化工学院
28	线上线下混合式一流课程	智慧城市	李少英、张新长	地理科学与遥感学院
29	线上线下混合式一流课程	电力系统继电保护原理	王晓刚	机械与电气工程学院
30	线上线下混合式一流课程	机械创新与发明	江帆	机械与电气工程学院
31	线上线下混合式一流课程	编译原理	吴昱	计算机科学与网络工程学院

六月

序号	课程类型	课程名称	课程负责人	所属学院
32	线上线下混合式一流课程	给水排水管网系统	方茜	土木工程学院
33	线上线下混合式一流课程	材料力学	燕乐纬	土木工程学院
34	线上线下混合式一流课程	流体输配管网	朱赤晖	土木工程学院
35	线上线下混合式一流课程	水污染控制工程	李淑更	环境科学与工程学院
36	线上线下混合式一流课程	精益创业	张延平	创新创业学院
37	社会实践一流课程	乡村创新创业实践	谢治菊	公共管理学院
38	社会实践一流课程	工业机器人应用技术	吴文强	机械与电气工程学院
39	社会实践一流课程	云计算技术与应用	温武	计算机科学与网络工程学院

（供稿：教务处）

6月11日　孔令顺等老师带队并指导的"广州大学新闻与传播学院新闻扶贫暑期社会实践清远队"在广东大学生暑期社会实践活动中获评优秀

共青团广东省委公布"携手奔小康，共筑中国梦"广东大学生暑期社会实践活动评比结果。由新闻与传播学院孔令顺、李鲤、刘雪梅、刘玉萍、许莹冰等老师带队、指导的"广州大学新闻与传播学院新闻扶贫暑期社会实践清远队"获评优秀。这充分肯定了我校在开展社会实践育人方面取得的成果。

（供稿：新闻与传播学院）

6月11日　苏凡博、李鲤老师指导的项目获得国家级大学生创新训练项目立项

新闻与传播学院苏凡博、李鲤老师指导的项目"流动的乡愁：大都市乡村数字公共文化空间研究——基于广州地区的实证考察"获2022年度大学生创新训练项目国家级立项。

（供稿：新闻与传播学院）

6月15日　郑美玲等老师撰写的党史学习案例获广东省党史进校园系列活动典型案例一等奖

6月15日，中共广东省委教育工委公布党史进校园系列活动典型案例征集活动获奖名单，由数学与信息科学学院党委书记郑美玲、党委副书记杨春荣、学工办郭翠敏和胡启岚等四位老师共同撰写的《组建青年宣讲团，用朋辈力量讲好党史故事》案例获评"推动党史走入组织生活"类一等奖。

（供稿：数学与信息科学学院）

6月18日　彭心倩老师主持的项目"知识产权法案例库"获批

6月18日，广东省教育厅发文公布2022年广东省研究生教育创新计划项目立项名单，法学院彭心倩老师主持的"知识产权法案例库"获批专业学位研究生教学案例库建设项目。

（供稿：法学院）

6月18日　张爱凤老师主持的《传诵中华经典　讲好中国故事——"一课两翼　四轮驱动"推进大学美育实践创新》获得广东省美育优秀案例二等奖

6月18日，由广东省教育厅主办、中山大学承办的"广东省2022年高校美育工作会议暨美育优秀案例交流活动"在中山大学广州校区南校园召开。

由新闻与传播学院副院长张爱凤教授主持，李雁书记、曾岑老师、肖思为老师参与的《传诵中华经典　讲好中国故事——"一课两翼　四轮驱动"推进大学美育实践创新》获得广东省美育优秀案例二等奖。

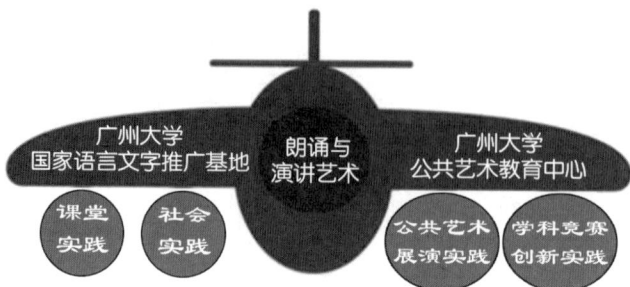

（供稿：新闻与传播学院）

6 月 19 日　弓丽老师指导合唱获得 2022 世界合唱节金奖

6 月 19 日，音乐舞蹈学院粤音合唱团在 2022 世界合唱节中脱颖而出，斩获各类奖项：世界合唱节决赛第四名；B1 组（女声合唱）冠军；B1 组（女声合唱）金奖；C1 组（成人）金奖；指挥弓丽老师获得"优秀指挥奖"。

（供稿：音乐舞蹈学院）

6 月 20 日　宋尧玺老师指导学生在中宣部人权事务局主办的征文活动中获多项奖励

由中宣部人权事务局主办、五洲传播中心承办、中国人权网协办的"中国共产党与中国人权百年"融媒体作品征集活动落下帷幕并公布获奖作品名单。法学院宋尧玺老师指导学生积极参与活动。经过作品初选、组委会复评和专家评审，我校共40位学生获奖，其中法学院有17人分获一、二、三等奖及优秀奖。

（供稿：法学院）

6 月 20 日　周文萍老师当选广东省电影家协会主席团成员

6月20日，广东省电影家协会第九次会员代表大会在广州召开。大会选举产生了新一届理事会和主席团，明确了今后工作的任务。人文学院周文萍老师当选为主席团成员。

（供稿：人文学院）

6月21日　朱竑老师主持的国家自然科学基金重点项目结题验收获评优秀

国家自然科学基金委员会地球科学部三处（环境地球科学）召开了国家自然科学基金重点项目结题验收会。地理科学与遥感学院朱竑教授所主持的重点项目"全球化背景下城市移民的人地互动与地方协商研究——以珠三角为例"（项目编号：41630635）进行了答辩汇报，并获得专家组优秀评价。

（供稿：科研院）

6月21日　退休教师陈万鹏为毕业生党员讲授在校期间的"最后一堂党课"

数学与信息科学学院举办2022届毕业生党员教育暨"读懂中国——共话百年奋斗，争做时代新人"活动。广州市关工委原第一副主任、合并组建新广州大学首任党委书记陈万鹏为毕业生党员讲授在校期间的"最后一堂党课"。

（供稿：宣传部）

6 月 22 日　裴致远老师获物理与材料科学学院首个博士后基金项目

物理与材料科学学院裴致远老师获得第 71 批博士后基金面上项目，这是物理与材料科学学院首个博士后基金项目。

（供稿：物理与材料科学学院）

6 月 23 日　曾劲松老师在数学知名期刊 *Advances in Mathematics* 上发表学术论文

数学与信息科学学院曾劲松副教授与其合作者发展了一种"从初始图到同伦不变图再到组合不变量"的全新技术，建立了临界有限有理函数的一个全新组合不变量，从而完整解决了 Mario Bonk 教授提出的公开问题。这一公开问题的解决对深化人们理解临界有限有理函数动力系统具有重要的推动作用。

这项成果以 50 页长文发表在数学知名期刊 *Advances in Mathematics* 上。审稿人对该项成果给予了极高的评价。

（供稿：科研院、数学与信息科学学院）

6 月 23 日　黄颖仪老师带领民乐团走进华附汕尾学校开展高雅艺术进校园活动

6 月 23 日，音乐舞蹈学院黄颖仪教授带领民乐团走进华南师范大学附属中学汕尾学校开展"2022 年广东省高雅艺术进校园活动——经典国乐作品赏析音乐会"，将高雅艺术融入校园文化建设，使艺术教育"润物无声、育人无形"，让广大青年学生近距离地感受到高雅艺术所带来的愉悦。音乐舞蹈学院民乐团也将继续积极传承优秀传统音乐文化，增强文化自信，培养对中国传统音乐作品的文化传播自觉性。

（供稿：音乐舞蹈学院）

6 月 27 日　张平老师积极参与推动广东省碳达峰碳中和工作

6 月 27 日，化学化工学院张平教授执笔的、中国民主同盟广东省委员会的提案《关于践行碳达峰、碳中和，推动广东制造业高质量发展的提案》（第 20220052 号）提交至广东省政协大会。该提案被列入 2022 年广东省委书记督办省政协重点提案《关于推进碳达峰碳中和，推动我省制造业高质量发展的系列提案》。该系列提案办理工作由省委办公厅牵头，省工业和信息化厅、省发展和改革委、省教育厅、省财政厅、省人力资源社会保障厅、省自然资源厅、省生态环境厅、省能源局等会办。

（供稿：化学化工学院）

6 月 29 日　谢爱磊老师入选 2022 年度广州市青年文化英才

中共广州市委宣传部在中国文明网公示了 2022 年度广州市宣传思想文化优秀人才入选对象，教育学院谢爱磊教授入选 "2022 年度广州市青年文化英才"。

（供稿：教育学院）

我们的大学

July　七月

7月1日　罗明星、吴阳松等老师出版专著《新时代精神文明建设基础论》

马克思主义学院罗明星、吴阳松教授等著述的《新时代精神文明建设基础论》由社会科学文献出版社出版。本书作为"新时代精神文明建设研究丛书"之一，从马克思主义揭示的人类社会演进、发展的基本规律出发，廓清精神文明建设的复合系统和内在结构，深入分析精神文明建设与社会发展进步的辩证关系，全面系统阐述新时代经济建设、政治建设、文化建设、社会建设、生态建设、党的建设对精神文明建设的基础性作用，勾勒出新时代精神文明建设与社会发展的逻辑谱系，彰显精神文明建设的新时代特征，展现新时代精神文明建设的宏阔图景。

（供稿：马克思主义学院）

7月2日　李雁等老师在广东省"党史进校园"系列活动典型案例征集活动中荣获"推动党史汇入社会实践"类二等奖

中共广东省委教育工委公布了"党史进校园"系列活动典型案例征集活动的结果。其中由新闻与传播学院李雁书记负责，方建平副书记、邹演枚老师、王子健老师组成的项目团队申报的典型案例《打造"立体化""沉浸式"党史教育模式》荣获"推动党史汇入社会实践"类二等奖。

（供稿：新闻与传播学院）

7月4日　窦凯老师在 *Human Vaccines & Immunothera-peutics* 上发表最新研究成果

教育学院青少年心理与行为研究中心窦凯课题组在国际期刊 *Human Vaccines & Immunotherapeutics*（《人类疫苗和免疫治疗》）上发表题为"Theory of planned behavior explains males, and females, intention to receive COVID – 19 vaccines differently"的研究论文，我校为第一完成单位，窦凯副教授为第一作者，课题组研究生杨瑾和王林欣参与此项工作。该研究得到广州市教育科学规划重点项目和香港教育大学教育与人类发展学院国际化交流项目的资助。

（供稿：科研院）

7月6日　王洪光老师带队组织学生参与新西兰文化交流活动

7月6日，物理与材料科学学院、地理科学与遥感学院、广东天文学会共同参与了新西兰驻广州总领事馆组织的新中建交50周年——毛利人新年天文与文化交流活动。物理与材料科学学院王洪光老师带队参与制作的天文科普视频《Matariki 昴星团——中新文化差异下的同一片星空》在活动中展映，获得中外嘉宾好评。

（供稿：物理与材料科学学院）

7月6日　郭永真老师参加"国际安全视角下的地球安全"国际研讨会

7月6日，公共管理学院博士后、广州大学乡村振兴研究院特聘副研究员郭永真应邀参加了由国际关系学院主办、《国际安全研究》编辑部承办的"国际安全视角下的地球安全"国际研讨会。这是一个跨界的研究课题，与会专家也具有跨界性，既有国际安全研究领域的专家，也有地理学、地质学、生态学等理工科方面的专家。

（供稿：公共管理学院）

7月14—15日　吴旭等老师指导的项目在第八届"互联网＋"省决赛中获奖

7月14—15日，"建行杯"第八届中国国际"互联网＋"大学生创新创业大赛广东省分赛省级决赛（简称"省决赛"）决出赛果，我校吴旭等老师指导的10个项目获得金奖，刘海等老师指导的13个项目获得银奖，金奖数和获奖数均位居全省第三。

第八届"互联网＋"省决赛广州大学获奖项目名单

序号	项目名称	参赛组别	学院	项目负责人	第一指导老师	奖项
1	博安护卫——新型抗菌防粘附医用涂层引领者	本科生创意组	化学化工学院	辛婷	吴旭	金奖
2	冠腾涂料——国内首创双防环保金属涂料	本科生创意组	化学化工学院	柏仕林	汪黎明	金奖
3	锐能热管——定制化热管护航芯片散热	本科生创意组	机械与电气工程学院	何振霆	向建化	金奖
4	慧潜科技——多功能模块化水下检测机器人	本科生创意组	机械与电气工程学院	梁家乔	刘爱荣	金奖
5	千方智安	研究生创意组	计算机科学与网络工程学院	张钧建	顾钊铨	金奖
6	白金元宇宙——打造国内具有影响力的数字艺术赋能服务商	本科生初创组	新闻与传播学院	李佳环	苏凡博	金奖
7	盛道传媒——校园营销数智化平台的创领者	本科生成长组	生命科学学院	徐昌勇	刘涛	金奖
8	善益同行——融媒聚力，托起乡村孩子成才梦	红旅公益组	经济与统计学院	吴清清	聂衍刚	金奖
9	雁回乡 ——从农民工到乡村振兴领头雁	红旅公益组	公共管理学院	隆惠清	谢建社	金奖
10	互联网隐蔽通信技术研究	产业组	网络空间安全学院	刘玲	胡宁	金奖
11	精探科技——国内首创双系统联合反演智能检测仪	本科生创意组	土木工程学院	林晓明	刘海	银奖

序号	项目名称	参赛组别	学院	项目负责人	第一指导老师	奖项
12	芯感科技——国内首创高性能磁性材料及设计服务	本科生创意组	物理与材料科学学院	罗承汛	姚玲敏	银奖
13	卓至微——芯片智能设计服务的开拓者	本科生创意组	电子与通信工程学院	林培东	曾衍瀚	银奖
14	知行研学——研学教育新格局打造者	本科生初创组	管理学院	李翔	张延平	银奖
15	浮生出海——中国品牌全球出海新模式	本科生初创组	公共管理学院	苗嘉龙	黄丽娟	银奖
16	筑梦粤青	本科生初创组	体育学院	李有龙	冯云辉	银奖
17	行走20岁——引领青年乡村旅行 赋能祖国乡村振兴	红旅创业组	地理科学与遥感学院	黄百祥	刘涛	银奖
18	中硕筑慧——构筑乡村智慧教育空间设计创领者	红旅创业组	美术与设计学院	王铠宏	李琨	银奖
19	豆惠万家——重树中国大豆原产地优势	红旅创意组	生命科学学院	李兰馨	孔凡江	银奖
20	高端轴承高性能制造关键技术	产业组	机械与电气工程学院	陈泽威	刘晓初	银奖
21	聚乳酸生物纤维精密织造技术及特种功能面料定向开发	产业组	美术与设计学院	王昕楠	熊忆	银奖
22	适用于桥梁水下结构检测的多功能机器人及配套检测方案	产业组	土木工程学院	谢文高	陈炳聪	银奖
23	针对工业互联网漏洞防御的解决方案	产业组	计算机科学与网络工程学院	任怡彤	鲁辉	银奖

（供稿：教务处、创新创业学院）

7月16日　潘文彬老师牵头编著的《嫦娥探月工程》获中小学"暑假读一本好书"活动推荐

地理科学与遥感学院潘文彬老师牵头编著的《嫦娥探月工程》一书获广东省教育厅中小学"暑期读一本好书"活动推荐。潘文彬老师在广州购书中心举行了图书分享会，就书中的一些问题与读者进行了互动，并签名售书。

（供稿：地理科学与遥感学院）

7月23日　蔡一村老师连线厦门卫视，应邀解读"神鹰操演"

公共管理学院蔡一村老师连线厦门卫视，应邀解读"神鹰操演"。蔡老师在连线时说到，"神鹰操演"首日的演练科目展示了近海岸的协同作战和空对地的作战方式，意在显示对这一战术的重视程度，台军试图通过这些演练中的空对地武器和陆基火力的相互配合构成所谓的"滩岸歼敌"理想化图景。

（供稿：公共管理学院）

7月26日　张新长老师荣获广东省教育厅师德主题征文比赛二等奖

7月26日，广东省教育厅公布了以"赓续百年初心，担当育人使命"为主题的第十一届师德主题征文及微视频征集活动获奖名单，地理科学与遥感学院张新长教授的《抒科研情怀　谱育人华章》获得高校（本科）征文组二等奖。

（供稿：地理科学与遥感学院）

7月31日　姚睿老师团队获得第二届全国高校教师教学创新大赛全国赛二等奖

7月31日，由教育部高等教育司指导、中国高等教育学会主办的第二届全国高校教师教学创新大赛全国赛在西安交通大学落下帷幕。经过激烈角逐，我校姚睿老师团队（成员包括新闻与传播学院姚睿、田秋生、张爱凤、夏清泉）获地方高校正高组二等奖，实现了我校在国家级教师教学竞赛中的历史性突破。

（供稿：宣传部、教师发展与教学评估中心）

我们的大学

August　八月

8 月 2 日　肖平辉老师遴选为教育部全国学校食品安全与营养健康工作专家组成员

法学院肖平辉老师遴选为教育部全国学校食品安全与营养健康工作专家组成员，主要参与政策咨询委员会的相关工作。专家组是在教育部领导下，对全国学校食品安全与营养健康工作发挥咨询、研究、评估、指导、宣教等作用的专家组织。其主要职责是就学校食品安全与营养健康相关问题向教育部提出政策立法、技术等方面的意见和建议。教育部此次在全国共遴选了 61 名专家，聘期 4 年。

（供稿：法学院）

8 月 9 日　潘书生老师主持申报的广东省硅基信息材料器件与集成电路设计高校重点实验室获得立项

8 月 9 日，广东省教育厅公布 2022 年度广东高校科研平台和科研项目拟立项名单，潘书生教授主持申报的广东省硅基信息材料器件与集成电路设计高校重点实验室获得立项，这是物理与材料科学学院第二个省高校重点实验室。

（供稿：物理与材料科学学院）

8 月 11—13 日　芦思佳老师获第三届"优秀女青年奖"

8 月 11—13 日，第八届植物生物学女科学家学术交流会在黑龙江省哈尔滨市召开。此次会议为 13 位青年女性科技工作者颁发第三届"优秀女青年奖"，对她们在植物生物学领域的原创性贡献进行表彰。生命科学学院分子遗传与进化创新研究中心芦思佳教授获此殊荣。

（供稿：生命科学学院）

8 月 11—14 日　吴俊荣等老师指导学生获全国大学生化工实验大赛一等奖

8 月 11—14 日，"欧倍尔·东方仿真"杯第五届全国大学生化工实验大赛全国总决赛在四川大学顺利举办。全国六大赛区 64 所高校的代表队参加了全国总决赛，比赛设置了化工原理理论、化工单元仿真操作和化工原理实验操作三个分项赛，采取线上形式进行。经过三天激烈的角逐，我校 2019 级本科生陆雨、李美仙、刘汶霖同学组成的"羊城红棉队"，在吴俊荣、毛桃嫣、李树华等老师的指导下，荣获一等奖。这是我校第四次取得全国大学生化工实验大赛总决赛一等奖。

（供稿：化学化工学院）

8月12日　窦凯老师接受《广州日报》采访

8月12日，窦凯副教授接受《广州日报》记者采访，分享了"'初升高'如何度过适应期？""暑期亲子相处　专家送你'锦囊'"两个主题，并且从心理学角度分析了如何度过"初升高"适应期以及亲子冲突产生的原因，向家长和孩子介绍了心理调适以及化解亲子矛盾的小技巧。

（供稿：教育学院）

8月12日　李雁、田秋生老师监制的扶贫微广播剧《高山上的银杏》在首届"乡村振兴故事征文大赛"中获最佳创新奖

8月12日，首届"乡村振兴故事征文大赛"颁奖盛典在韶关市武江区文化馆举行。由新闻与传播学院李雁书记、田秋生院长担任监制，许莹冰老师担任导演，李云宁、郑欢老师担任编剧，多名优秀校友及在读学生参与制作及演出的扶贫微广播剧《高山上的银杏》获最佳创新奖。

（供稿：新闻与传播学院）

8 月 15 日　郑慧娟老师与学生共同在第八届"孔雀杯"全国高等艺术院校声乐展演中获佳绩

8 月 15 日，第八届"孔雀杯"全国高等艺术院校声乐展演（比赛）在浙江宁波大学举行，我校音乐舞蹈学院博士后郑慧娟老师荣获综合师范院校教师组"金孔雀"（第一名），实现了在全国性重大声乐比赛中成绩第一的突破。我校音乐教育 2020 级谢志文同学获得综合师范院校本科生美声组"铜孔雀"（指导教师：常诚），社会音乐 2018 级王雯禧同学获得综合师范院校本科生民族组"铜孔雀"（指导教师：郭小青），社会音乐 2019 级姚海文同学、社会音乐 2018 级张馨心同学获得综合师范院校本科生民族组、美声组优秀奖（指导教师：李敏），郭小青、常诚二位老师获得"优秀指导教师奖"。

（供稿：宣传部、音乐舞蹈学院）

8 月 17 日　屈哨兵、聂衍刚老师主持的案例入选广东省第二批教育评价改革典型案例

8 月 17 日，广东省教育厅发布了关于教育评价改革典型案例（第二批）

的通知，我校屈哨兵、聂衍刚教授主持的《具有广大底色的学生核心素质发展评价体系的建构与实施》入选广东省第二批教育评价改革典型案例。

（供稿：教务处）

8月19日　梅淑宁等老师指导的新疆社会实践团入选全国重点团队

8月19日，共青团广东省委员会公布了2022年广东大中专学生志愿者暑期文化、科技、卫生"三下乡"社会实践活动全国、省级重点服务团队名单。经团队申报、学校推荐、省级评选及公示，我校马克思主义学院"同上特色思政课，践行岭南天山情"新疆社会实践团成功入选全国重点团队。实践团在学院党委副书记梅淑宁、学院团委书记马娟、学院教师王鹏的指导带领下，通过特色思政课教学、主题调研、实地考察等方式走上讲堂、走进社区、走入村落，充分感知民族地区翻天覆地的变化，播撒民族团结的种子，为推动铸牢中华民族共同体意识做出应有贡献。实践活动受到《光明日报》《南方都市报》《羊城晚报》等主流媒体的广泛关注报道，产生了良好的社会反响。

（供稿：马克思主义学院）

8月20—21日　王晋军老师在第七届全国生态语言学研讨会上做主旨报告

8月20—21日，第七届全国生态语言学研讨会采用腾讯会议直播形式举行，来自全国120多所院校及科研机构的240多名专家学者、硕博研究生报名参会，单日线上参会与听会人数达400多人。外国语学院院长王晋军教授做了题为《基于语言规划理论的中国和东盟国家的国家语言文字管理机构对比研究》的主旨报告。

（供稿：外国语学院）

8月22日　窦凯老师团队在 *Journal of Behavioral Addictions* 期刊发表学术论文

教育学院青少年心理与行为研究中心窦凯课题组在青少年网络游戏成瘾领域取得新进展，成果"Longitudinal association between parental involvement and internet gaming disorder among Chinese adolescents：consideration of future consequences as a mediator and peer victimization as a moderator"发表于精神病学领域权威期刊 *Journal of Behavioral Addictions*（SSCI-Q1，5-year IF = 9.026）。窦凯副教授为本文第一作者，香港教育大学黎建斌博士为通讯作者，研究生冯雪珂、王林欣（已毕业，赴北京师范大学读博）参与此项工作。

（供稿：教育学院）

8月28—29日　储昭瑞等老师在广东省第六届高校（本科）青年教师教学大赛中获奖

8月28—29日，广东省第六届高校（本科）青年教师教学大赛总决赛圆满落幕。我校15位参赛选手乘风破浪，14位选手获得奖项，其中土木工程学院储昭瑞等6位老师获得一等奖，管理学院史丽华等5位老师获得二等奖，机械与电气工程学院陈洋等3位老师获得三等奖。通过本次大赛，我校青年教师充分展示了教学基本功及课堂教学水平，发扬了积极进取、奋发向上的精神风貌。

广东省第六届高校（本科）青年教师教学大赛广州大学教师获奖名单

获奖者	学院	组别	奖项
储昭瑞	土木工程学院	工科组	一等奖
张艳	音乐舞蹈学院	文科组	一等奖
姚睿	新闻与传播学院	文科组	一等奖
线实	地理科学与遥感学院	理科组	一等奖
毛燕	化学化工学院	理科组	一等奖
马鸽	机械与电气工程学院	工科组	一等奖
周丽萍	教育学院	文科组	二等奖
史丽华	管理学院	文科组	二等奖
吕天晓	生命科学学院	理科组	二等奖
刘煜	环境科学与工程学院	理科组	二等奖
栾欣超	马克思主义学院	思想政治组	二等奖
李颖婕	美术与设计学院	文科组	三等奖
张强	法学院	文科组	三等奖
陈洋	机械与电气工程学院	工科组	三等奖

（供稿：教师发展与教学评估中心）

8月30日　吴志峰老师承担的国家重点研发课题顺利通过绩效评价

国家"十三五"重点研发计划"物联网与智慧城市关键技术及示范"重点专项"城市多规数据融合与动态认知平台关键技术研究与示范"项目组在北京、深圳、广州等地，采用线上线下相结合方式召开课题绩效评价会。吴志峰教授作为课题负责人代表"城市多源（元）多模态数据精准获取与高精度融合"（编号：2018YFB2100702）课题组汇报了课题执行情况和研究成果，经专家组认真讨论和质询评审后，一致认为该课题完成了任务书所规定的全部任务，达到了考核指标要求，顺利通过绩效评价。

（供稿：地理科学与遥感学院）

8月31日　黄丽娟老师团队获得2023年广东省科技创新战略资金（攀登计划）重点项目立项

管理学院黄丽娟教授、朱慧副教授、邹春芳讲师团队荣获广东省农村科技特派员称号，同时在该团队指导下，由博士生、硕士生、本科生所组成的"三下乡"学生团队项目《乡村振兴战略下大学生返乡电商创业的发展现状、问题与对策研究——以广东省为例》获得2023年广东省科技创新战略资金（攀登计划）——哲学社会科学类调查报告和学术论文类重点项目立项。教育在线、《羊城晚报》、搜狐、新浪、学习强国等多家媒体做了采访或报道。

（供稿：管理学院）

八月

我们的大学

September 　九月

9月1日　叶思宇院士团队在 *Advanced Energy Materials* 期刊发表论文

叶思宇院士团队在材料领域著名期刊 *Advanced Energy Materials*（影响因子：29.7）发表了题为"Advanced cathode materials for protonic ceramic fuel cells: recent progress and future perspectives"的论文，该论文被选为封面论文（Front Cover）。

（供稿：科研院、化学化工学院）

9月1日　赵中源老师荣获全国首届高等学校优秀思政课教师奖励基金

马克思主义学院赵中源教授荣获全国首届高等学校优秀思政课教师奖励基金，也是广东省唯一一位获奖者。

高等学校优秀思政课教师和马克思主义理论学科学生奖励基金，系为深入贯彻落实习近平总书记在学校思想政治理论课教师座谈会上的重要讲话精神，贯彻落实中共中央办公厅、国务院办公厅《关于深化新时代学校思想政治理论课改革创新的若干意见》，贯彻落实《新时代高等学校思想政治理论课教师队伍建设规定》（教育部令第 46 号），经教育部党组批准，由中国教师发展基金会设立的。

（供稿：宣传部、马克思主义学院）

9月8日　牛利老师获批国家自然科学基金重大科研仪器研制项目

我校获国家自然科学基金立项 143 项，获批经费达 6898 万元，较 2021 年增长 23.56%。其中，环境科学与工程学院陈迪云老师的"磷酸盐诱导土壤与地下水铀固定行为与机理研究"获重点项目，土木工程学院吴杨老师的"岛礁岩土工程"获优秀青年科学基金项目。学校首次主持国家自然科学基金重大科研仪器研制项目 1 项，为化学化工学院牛利老师"等离子体相界面电化学及同步验证分析系统"课题，立项经费达 770 万元。

（供稿：科研院）

9月9日　刘兆清老师团队在单原子催化剂的原位合成与配位环境调控方面取得重要进展

9月9日，刘兆清教授所带领的清洁能源材料研究团队，利用锰氧化物的赝电容歧化溶解效应，提出了原位的锰氧化物缺陷的构筑与单原子锚定策略。相关工作以"Electrochemical disproportionation strategy to in-situ fill cation vacancies with Ru single atoms"为题发表在 *Nano Research.*［2022（6）：4980 – 4985；IF：10.262］。

刘兆清教授、肖抗副教授与香港理工大学黄勃龙教授合作，在 Mn_3O_4 尖晶石八面体位点上实现了精准的锰原子析出和原位的 Pt 单原子锚定，实现单原子配位环境的精准调控，借助 Mn_3O_4 载体与单原子 Pt 之间强共价相互作用提升单原子稳定性，并深入研究了单原子配位环境与催化活性及稳定性之间的关系。

（供稿：化学化工学院）

9月13日　涂成林等老师获国家社科基金重大/重点项目立项

我校获国家社科基金立项 40 项，年度项目立项数全省排名第三。其中，涂成林、李正辉和谢治菊老师课题获重大项目及重大专项立项，陈潭、董石桃、傅元海、张泽涛和刘志强老师课题获重点项目立项。自 2018—2022 年以来，我校累计获得国家社科基金项目（不含教育学和艺术学）133 项，名列全国第 35 位；获教育部人文社会科学基金项目 23 项，立项数全国排名并列第 13 位，较上一年排名上升 2 位。

广州大学获 2022 年国家社科基金重大/重点项目立项一览表

序号	项目名称	所属单位	项目分类	项目子类	负责人
1	习近平新时代中国特色社会主义思想对历史唯物主义发展的原创性贡献研究	广州大学广州发展研究院	全国哲学社会科学规划办公室项目	国家社科基金重大专项项目（国家重大）	涂成林

（续上表）

序号	项目名称	所属单位	项目分类	项目子类	负责人
2	新时代健全互联网治理体制研究	公共管理学院	全国哲学社会科学规划办公室项目	国家社科基金重点项目（国家重点）	陈潭
3	中国共产党推进权力监督体系建设的百年历程和基本经验研究	公共管理学院	全国哲学社会科学规划办公室项目	国家社科基金重点项目（国家重点）	董石桃
4	我国现代制造业体系实现自主可控的机制、路径与对策研究	经济与统计学院	全国哲学社会科学规划办公室项目	国家社科基金重点项目（国家重点）	傅元海
5	"行刑"衔接视野下的企业合规研究	法学院（律师学院）	全国哲学社会科学规划办公室项目	国家社科基金重点项目（国家重点）	张泽涛
6	数据价值链效能识别与统计测度研究	广州大学金融研究院（广州国际金融研究院）	全国哲学社会科学规划办公室项目	国家社科基金重大项目（国家级）	李正辉
7	防止规模性返贫的监测机制和帮扶路径研究	公共管理学院	全国哲学社会科学规划办公室项目	国家社科基金重大项目（国家级）	谢治菊
8	当代中国人权观理论整合体系研究	广州大学人权研究院	全国哲学社会科学规划办公室项目	国家社科基金重点项目（国家级）	刘志强

（供稿：科研院）

9 月 15 日　张新长老师受聘广州市天河区政协首批顾问委员

9 月 15 日，广州市天河区政协举行首批政协顾问委员聘任仪式，区政协领导班子成员、政协常委、顾问委员出席仪式。国际欧亚科学院院士张新长教授参加了此次受聘仪式，接受受聘证书。

（供稿：地理科学与遥感学院）

9 月 16 日　刘广海老师担任广东省物流标准化技术委员会副主任

9 月 16 日，广东省市场监督管理局发布通告，成立第三届广东省物流标准化技术委员会，管理学院副院长刘广海担任副主任委员。根据章程，主任委员、副主任委员应在专业领域内具有较高的造诣和良好的声誉，具有较强的号召力和影响力。作为冷链专家，刘广海副院长还担任国家制冷标准化技术委员会副秘书长。

（供稿：管理学院）

9月16日　张爱凤等老师获评"大广赛"广东省优秀指导老师

新闻与传播学院张爱凤、孔令顺、陶冶、姚睿、王艺、曾丽红、苏凡博、王泸生、尹杭、陈智勇、张化东、陈浩、汪润时共13位老师被广东省教育厅评为全国大学生广告艺术大赛（即"大广赛"）广东省优秀指导老师。他们所指导的作品共获得"大广赛"省赛等级奖78项（全校98项），其中一等奖13项、二等奖30项、三等奖35项。

（供稿：新闻与传播学院）

9月17日　潘文彬老师获评广州市优秀科普工作者

9月17日，广州市全国科普日主会场活动暨第五届科普嘉年华在华南国家植物园拉开序幕。广州大学科学技术协会被评为2022年广州市科普工作优秀单位，潘文彬老师获评广州市优秀科普工作者，广州大学作为优秀单位代表参加了授牌仪式。

（供稿：科研院）

9月20日　胡宜安老师做大学生心理问题的自我认知与预防的分享

9月20日，马克思主义学院胡宜安教授为2022级新生做了题为"抑郁·生命困顿——大学生心理问题的自我认知与预防"的分享。胡教授认为，进入新的人生阶段，同学们也许会存在难以适应不同学业阶段接轨的情况，在心理情感上产生适应性问题。他鼓励同学们从三个方面应对：一是人生遭遇困难与挫折是难免的，要常态化看待；二是要理性化认知，及时做好自我干预；三是不要讳疾忌医，要及时寻求帮助以走出困境。

（供稿：马克思主义学院）

9月20—25日　熊忆老师团队创新创业环保面料设计项目受邀参加"2022伦敦设计周·可持续中国"展览

9月20—25日，美术与设计学院熊忆老师带领艺术设计研究生与服装设计本科生组成创新创业研发团队的环保设计应用项目"聚乳酸纤维精密织造技术及特种功能面料定向开发"受邀参加"2022伦敦设计周·可持续中国"展览。

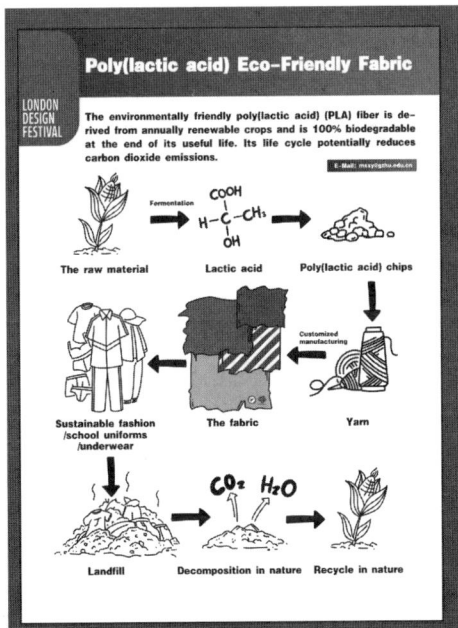

（供稿：美术与设计学院）

9月27日　王平山老师团队最新研究发现卤素离子模板效应调节的四重螺旋结构

9月27日，大湾区环境研究院王平山教授团队的青年讲师伍暾利用卤素离子与金属有机大环的模板效应，得到了一系列的四重螺旋结构。通过 X 单晶衍射结果表明，四重螺旋与卤素离子通过 8 个较强的 $C-H\cdots X$ 氢键、4 个阴离子 $-\pi$ 作用力和 2 个静电作用力连接，在 I^- 的模板效应下形成了 D2 对称的螺旋结构，而 Br^- 或 Cl^- 则形成了不对称的螺旋结构。

王平山教授和青年讲师伍暾为论文 "Halide ion directed templation effect of quadruple stranded helicates" 的通讯作者，研究生柳杨和中南大学博士蒋志远为共同第一作者。

（供稿：科研院）

9月28日　蒋红军老师获 2022 年度广东省社科规划特别委托项目立项

9月28日，经广东省哲学社会科学规划领导小组批准，我校台湾研究院研究员、广州大学乡村振兴研究院副院长蒋红军副教授申报的"广东台农的机遇变迁与政策支持研究"项目获得广东省哲学社会科学规划 2022 年度特别委托项目立项。

（供稿：公共管理学院）

9月28日　谢治菊等老师的党建课题获广州市党的建设学会 2022 年度优秀成果

9月28日，广州市党的建设学会公布 2022 年度优秀调研成果，我校谢治菊等 17 名老师负责的课题获奖。其中，1 项课题获一等奖，4 项课题获二等奖，12 项课题获三等奖。

广州大学获广州市党的建设学会 2022 年度优秀调研成果一览表

序号	课题名称	负责人	获奖等次
1	党建引领乡村振兴的创新实践研究	谢治菊	一等奖
2	"党建＋"模式在众创空间的探索与实践——以广州大学三创营众创空间为例	刘英	二等奖
3	"以红促专"：广州社会组织党建实践创新研究	刘念	二等奖
4	党建引领金融服务乡村振兴的创新实践研究	陈双莲	二等奖
5	新时代基层党建引领乡村振兴的实践探索——以广州市增城区朱村街道为例	莫杰	二等奖
6	"四微三红一榜样"模式激发高校学生党支部生机活力——基于广州大学土木工程学院本科生第三党支部的调研报告	段佩佩	三等奖
7	以"常态化时政热点微党课"激发高校党组织生机活力研究	许同晖	三等奖
8	立德树人视阈下高校教师党支部"组织育人"的实践路径研究	张甜甜	三等奖
9	新时代高校关工委助力学生党建发展的路径探析	李炎焜	三等奖
10	人工智能视域下高校学生党建工作创新研究	付艳	三等奖
11	小濠冲·大革命——让红色革命老区焕发新生机的调查研究	李倩	三等奖
12	广州基层党建引领乡村振兴的创新实践研究	张静静	三等奖
13	新时代下高校学生党支部规范和优化设置的探索与实践——以广州大学为例	谢玲	三等奖
14	新时代高校学生党支部助力美丽乡村建设的实践研究——以广州大学建筑类专业学生为例	林舒莹	三等奖
15	高校教师党支部党建品牌创建的探索与实践	王志明	三等奖
16	高校机关党建工作的精准性和有效性研究	沈思琦	三等奖
17	创新研究生党员管理新模式，激发学生党支部生机与活力	张志明	三等奖

九月

（供稿：组织部）

9月29日　肖世杰老师领衔的专家团队起草的《广东省版权条例》经省人大常委会审议通过

由我校人权研究院副院长肖世杰教授领衔的专家团队组织起草的《广东省版权条例（专家建议稿）》，经广泛立法调研、多轮专家论证、数度意见征集和反复研究修改，最终于9月29日经省十三届人大常委会第四十六次会议审议通过。条例将于2023年1月1日起正式施行。条例以"版权（条例）"命名，打通版权创造、运用、保护、管理和服务全链条，围绕我省版权事业和版权产业高质量发展立章建制，在全国尚属首创。

（供稿：宣传部）

9月30日　张延平、王满四老师以创新创业为主题申报的2项科研项目获2022年国家社科基金立项

9月30日，2022年国家社科基金年度项目和青年项目完成受理申报、通讯初评、会议评审、网上公示等各项程序，经全国哲学社会科学工作领导小组批准，正式公布立项课题名单。创新创业学院张延平、王满四两位老师以创新创业为主题申报的2项课题均获批立项。

广州大学创新创业学院获2022年国家社科基金年度项目立项名单

序号	课题名称	姓名	所在学科	批准号
1	专业孵化器主导的"专精特新"企业梯度培育研究	张延平	管理学	22BGL041
2	数字金融缓解专精特新企业融资约束问题研究	王满四	管理学	22BGL069

（供稿：创新创业学院）

9 月 30 日　窦立明老师牵头的临近并合超大质量双黑洞候选体研究取得进展

物理与材料科学学院窦立明老师牵头与中国科学技术大学、安徽师范大学、加拿大 Perimeter 理论物理研究所、上海天文台和深圳技术大学的研究人员组成的联合团队，利用多个国际空间 X 射线望远镜对临近并合超大质量双黑洞候选体 SDSSJ1430 + 2303 进行监测。研究团队的成果以 "X-ray view of a merging supermassive black hole binary candidate SDSS J1430 + 2303：results from the first ~ 200 days of observations" 为题，以 "Letter to the editor" 的形式在国际主流天文期刊 *Astronomy & Astrophysics* 上发表。

（供稿：物理与材料科学学院）

九月

我们的大学

October 十月

10 月 4 日　孔凡江、刘宝辉老师团队解析光周期开花的突破性进展在美国科学院院刊 *PNAS* 发表

10 月 4 日，美国科学院院刊 *PNAS* 在线发表了生命科学学院孔凡江、刘宝辉教授团队的论文 "Novel and multifaceted regulations of photoperiodic flowering by phytochrome A in soybean"，系统解析了 phyA 介导光周期信号调控夜间复合体（evening complex，EC）的蛋白稳定性，从而控制开花时间的分子机制。

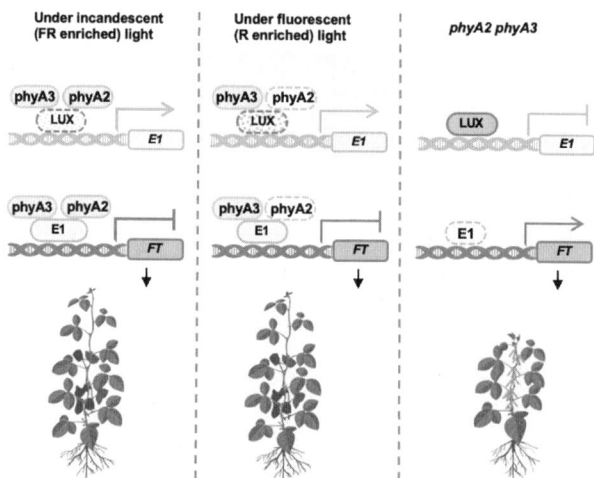

phyA 调控大豆光周期开花的分子模型

（供稿：科研院、生命科学学院）

10 月 9 日　曾岑、刘涛老师获批"十四五"规划 2022 年度高等教育研究课题立项

广东省高等教育学会公布"十四五"规划 2022 年度高等教育研究课题立项名单，新闻与传播学院曾岑老师的"人工智能语音技术与传媒专业教学改革研究"和刘涛老师的"高等学校教学创新研究：基于价值共创的传媒创新创业类课程教学创新"获批立项。

（供稿：新闻与传播学院）

10月16日　牛利老师一行前往国家先进高分子材料产业创新中心调研

10月16日，我校俄罗斯工程院外籍院士牛利教授、化学化工学院韩冬雪院长一行前往国家先进高分子材料产业创新中心调研。

国家先进高分子材料产业创新中心是高分子材料产业唯一一家国家产业创新中心，以突破当前高分子材料"卡脖子"技术问题和国家重大需求为导向，通过对产业链从终端应用向上游原料的全景梳理，精准定位产业发展"卡点""堵点"。

（供稿：化学化工学院）

10月24日　叶思宇院士团队在 *Advanced Materials* 发表机器学习预测新材料相关论文

我校黄埔氢能源创新中心叶思宇院士团队在材料领域取得重要进展，开发了机器学习模型设计质子陶瓷电池（PCC）关键材料的方法，成果以"Machine-learning-accelerated development of efficient mixed protonic-electronic conducting oxides as the air electrodes for protonic ceramic cells"为题发表于 *Advanced Materials*。这也是该团队近期继在 *Advanced Energy Materials* 发表后的又一佳作。

（供稿：科研院）

10 月 28 日　孔凡江老师团队与合作者在 *Nature* 子刊发表重要研究成果——解析调控大豆分枝数的分子机制

中国科学院遗传与发育生物学研究所田志喜课题组和我校分子遗传与进化创新研究中心孔凡江教授团队在解析调控大豆分枝数的分子机制方面取得重要进展，研究为大豆分枝数提供了优势基因，可促进高产大豆品种的选育。成果以 "Natural variation of Dt2 determines branching in soybean" 为题，发表于 *Nature Communications*。

（供稿：科研院、生命科学学院）

10 月 29 日　周利敏老师出席"共同富裕与市域社会治理现代化"研讨会

10 月 29 日，2022 广东社会科学学术年会第六分会——"共同富裕与市域社会治理现代化"研讨会在岭南师范学院举行。广东省社会科学界联合会党组成员、专职副主席曾赠，岭南师范学院校长阳爱民，湛江市社科联主席刘喜出席开幕式并分别致辞。我校公共管理学院副院长周利敏等专家学者在论坛上做主旨发言。

（供稿：公共管理学院）

10 月 31 日　郭凯等老师在 1－1－1 型 Zintl 相热电材料研究上取得新进展

物理与材料科学学院郭凯教授、上海大学骆军教授和北京航空航天大学赵立东教授在优异热电性能的 1－1－1 型 Zintl 相热电材料的研究上，又取得重要进展。相关研究成果以 "NaCdSb：an orthorhombic Zintl phase with exceptional intrinsic thermoelectric performance" 为题发表在 *Angewandte Chemie*。*Angewandte Chemie* 是德国化学会于 1887 年主办的学术期刊，是世界顶级化学类学术期刊之一。

（供稿：物理与材料科学学院）

我们的大学

November　十一月

11月1日　张化东等老师主持的项目获批教育部2022年第一批产学合作协同育人项目立项

11月1日，教育部高教司下发了《教育部高等教育司关于公布2022年第一批产学合作协同育人项目立项名单的通知》（教高司函〔2022〕8号），我校40个项目喜获立项。截至目前，我校累计获教育部立项393项，另获得广东省教育厅产学合作协同育人项目5项，教育部、省教育厅项目累计共398项，立项总数全省高校排名第一。

广州大学获2022年第一批产学合作协同育人项目立项一览表

序号	项目编号	项目名称	负责人	企业名称	项目批次
1	220606195230944	虚拟技术发展背景下影视制作技术课程群实践条件和实践基地建设	张化东	广州冠岳网络科技有限公司	2022年4月
2	220602168231341	用于氢燃料电池的3D打印技术实践基地	邢丽欣	南京威布三维科技有限公司	2022年4月
3	220605940231526	基于可方便回收的三维 AgX 石墨烯气凝胶（X = Br, Cl）光催化污水降解处理虚拟仿真实验	韩冬雪	北京微瑞集智科技有限公司	2022年3月
4	220601065220103	区块链金融应用中的博弈行为案例分析教学改革项目	刘园	深圳点宽网络科技有限公司	2022年4月
5	220603950220842	面向机器人控制技术的校企合作实习实践基地建设	黄峥	巨轮（广州）机器人与智能制造有限公司	2022年3月

（续上表）

序号	项目编号	项目名称	负责人	企业名称	项目批次
6	220604719214758	数据驱动的网络威胁情报分析实践基地建设	谭庆丰	北京神州绿盟科技有限公司	2022 年 4 月
7	220602842191533	面向创新实践能力的隐私保护教学探索与能力提升	孙哲	新华三技术有限公司	2022 年 5 月
8	220606342164022	产教融合理念下产品设计专业应用型人才培养模式构建	吴诗琳	广州豫仲商贸有限公司	2022 年 3 月
9	220602645165332	新工科背景下制药工程专业《物理化学》课程教学体系改革与实践	廖伯凯	博瑞仁教（山东）教育科技有限公司	2022 年 3 月
10	220605841155301	基于 SDN 关键技术的组网技术课程教学改革	邓霞	江苏省未来网络创新研究院	2022 年 4 月
11	220601960141512	基于工程管理类专业信息化能力师资培训	徐昕	深圳市斯维尔科技股份有限公司	2022 年 3 月
12	220603950084721	"校企联动、协同创新"的工业机器人技术实践条件和实践基地建设	朱大昌	巨轮（广州）机器人与智能制造有限公司	2022 年 3 月
13	220603950083944	"工业机器人技术"教学内容与课程体系改革与实践	陈从桂	巨轮（广州）机器人与智能制造有限公司	2022 年 3 月

（续上表）

序号	项目编号	项目名称	负责人	企业名称	项目批次
14	220604092023853	一流专业建设背景下物联网工程专业产教融合实践基地建设研究	曹忠	上海尖精数字科技有限公司	2022年3月
15	220606441024250	数智时代下小提琴演奏专业应用型人才培养的校企合作实践基地建设研究	杜帅黎	苏州科达科技股份有限公司	2022年3月
16	220605647012243	《机械控制原理与技术》课程混合式教学模式探索与研究	朱厚耀	广州迈傲信息科技有限公司	2022年3月
17	220603950012004	智能制造背景下《数控技术与CAM》示范性课程建设及探索	龙尚斌	巨轮（广州）机器人与智能制造有限公司	2022年3月
18	220500247312131	美术与设计专业论文写作教学实践基地建设	杨英俪	山东省国高教育研究有限公司	2022年4月
19	220505095305911	智慧社区治理实验室建设	曾维和	上海哲寻信息科技有限公司	2022年3月
20	220502645302809	基于"金课"标准的线上线下混合式教学模式下的课程思政探索与实践——以《有机化学》为例	何芝洲	博瑞仁教（山东）教育科技有限公司	2022年3月
21	220503175302309	基于桌面云的实训教学环境建设	谢亮	锐捷网络股份有限公司	2022年3月

（续上表）

序号	项目编号	项目名称	负责人	企业名称	项目批次
22	220504132291545	基于工科学生动机分析的 EAP 混合式教学研究与实践	周生辉	大工（青岛）新能源材料技术研究院有限公司	2022 年 3 月
23	220505211251826	人工智能理论及应用教学内容与课程体系的设计	解元	广州粤嵌通信科技股份有限公司	2022 年 4 月
24	220500135250922	智慧教室支持下的《地理教学技能》课程实施方案优化研究	何亚琼	北京中教启星科技股份有限公司	2022 年 3 月
25	220503950252618	新工科背景下机器人工程专业建设方案	何树德	巨轮（广州）机器人与智能制造有限公司	2022 年 3 月
26	220505211243927	新工科背景下嵌入式课程实验教学改革	王建晖	广州粤嵌通信科技股份有限公司	2022 年 4 月
27	220503950231420	新工科特色自动化专业开放式实验教学的探索	张佳宁	巨轮（广州）机器人与智能制造有限公司	2022 年 3 月
28	220506194223108	新时代线性代数公共基础课程师资队伍建设与优化	邓明香	湖南三书礼文化发展有限公司	2022 年 4 月
29	220503950180737	新工科背景下机器人工程实践方案设计	常家庆	巨轮（广州）机器人与智能制造有限公司	2022 年 3 月
30	220501339162210	《语言学导论》一流课程建设	王晋军	北京外研在线数字科技有限公司	2022 年 3 月

十一月

序号	项目编号	项目名称	负责人	企业名称	项目批次
31	220501414123518	磁驱设备在智能机器人课程体系中的应用与探索	常家庆	奥唯佳（山东）生物科技有限公司	2022 年 3 月
32	220503950102446	新工科背景下《机构设计》课程建设研究	唐睿智	巨轮（广州）机器人与智能制造有限公司	2022 年 3 月
33	220506517103300	基于 Simdroid 通用仿真平台师资培训项目	谢金龙	北京云道智造科技有限公司	2022 年 3 月
34	220505647104401	项目驱动的机械原理教学改革与探索	崔金生	广州迈傲信息科技有限公司	2022 年 3 月
35	220503950105403	智能制造背景下的机械原理课程教学改革与实践	吴青凤	巨轮（广州）机器人与智能制造有限公司	2022 年 3 月
36	220505647063628	基于先进制造的学科竞赛模块化课程建设	李东炜	广州迈傲信息科技有限公司	2022 年 3 月
37	220505647062138	智能制造环境下《工业机器人技术》课程的教学改革	萧仲敏	广州迈傲信息科技有限公司	2022 年 3 月
38	220505647051840	工业互联网环境下《机械故障诊断技术》课程的教学改革	徐红辉	广州迈傲信息科技有限公司	2022 年 3 月
39	220503950055442	工程教育背景下智能制造运动控制系统教学改革研究	王建晖	巨轮（广州）机器人与智能制造有限公司	2022 年 3 月
40	220505647055937	面向机械专业的嵌入式控制技术课程体系改革	刘镇章	广州迈傲信息科技有限公司	2022 年 3 月

（供稿：教务处）

11月3日　刘啟仁老师发起"无名经济工作坊·广大站"公益工作坊活动

11月3日，经济与统计学院刘啟仁教授发起的"无名经济工作坊·广大站"公益工作坊举办第99期活动。该工作坊开学期间每周四19：00—21：00举行，分为两个板块，第一板块主要分享国内外期刊或工作论文，约90分钟；第二板块主要分享阅读心得、展示本人论文等，约30分钟。

该工作坊自2017年在暨南大学开创起，始终以公益性质，参与"立德树人"建设，目前得到复旦大学、中山大学、暨南大学等高校的教师和学生的广泛参与。该工作坊增强了学校的学术氛围，对提升我校经管类本科生、研究生的对外学术交流具有较大帮助。

（供稿：经济与统计学院）

11月4日　王志刚老师赴澳门开展名师课堂——中国古典舞身韵的哲学思辨

11月4日，音乐舞蹈学院王志刚老师受邀前往澳门，参与由国家艺术基金资助、澳门现代芭蕾艺术学会主办的"原创现代芭蕾舞剧编舞者人才培养"项目，以"中国古典舞身韵的哲学思辨"为主题，为全国各地的舞者讲述了中国古典舞身韵编创的"根"与"源"，激起了众多学员对中国古典舞身韵的热爱，同时也为现代芭蕾编创带来了新的灵感源泉。

（供稿：音乐舞蹈学院）

11月6日　杨春园、焦大为老师指导国际学生获广东省中华经典诵读大赛奖项

11月6日，国际教育学院杨春园和焦大为两位老师指导国际学生诵读的中华经典诵读作品《大学》（节选）获得广东省教育厅和广东省语言文字工作委员会举办的2022年广东省中华经典诵读大赛二等奖、广州大学校赛一等奖，两位老师获得校优秀指导教师奖。

（供稿：国际教育学院）

11月8日　陈忠平老师团队参与研发的世界首条赤泥规模化路用示范道路通过现场验收

11月8日，中铝股份广西分公司召开"堆积型铝土矿赤泥规模化路用试验示范项目"现场验收暨技术报告审查会，对我校工程材料研究所陈忠平教授团队与广东同创科鑫环保有限公司共同承担并完成的世界首条1.5km的赤泥规模化路用试验示范工程进行现场验收。验收审查组认为项目已完成相关研究内容，达到了项目开发的各项目标，经第三方检测符合任务要求的各项指标，道路质量稳定可靠，满足项目考核验收要求，一致同意通过验收审查。

（供稿：宣传部）

11月10—13日 刘爱荣等老师指导的项目在第八届"互联网＋"国赛总决赛中获奖

11月10—13日，第八届中国国际"互联网＋"大学生创新创业大赛全国总决赛在重庆大学举行。所有晋级的参赛队伍汇集云端、隔空比拼，打造了一场"超越极限，重塑自我"的创新创业盛会。我校风工程与工程振动研究中心刘爱荣等老师指导的《潜力无限——国内首创水下多场景检测机器人》斩获金奖，吴旭等老师指导的《博安护卫——国内首创新型抗菌防粘附医用涂层》等4个项目获得银奖，向建化等老师指导的《锐能热管——国内领先的热管定制服务实现芯片高效散热》等3个项目获得铜奖。

第八届"互联网＋"国赛总决赛广州大学获奖项目名单

序号	项目名称	项目负责人	指导老师	项目负责人所属学院	奖项
1	潜力无限——国内首创水下多场景检测机器人	梁家乔	刘爱荣、陈炳聪、傅继阳、叶锡钧、王家琳、饶瑞、宋佳玲、叶茂、黄永辉	机械与电气工程学院	金奖
2	博安护卫——国内首创新型抗菌防粘附医用涂层	辛婷	吴旭、詹茜	化学化工学院	银奖
3	白金元宇宙——打造国内具有影响力的数字艺术赋能服务商	李佳环	徐志伟、苏申、苏凡博、郎逸峰、陈浩	新闻与传播学院	银奖
4	盛道传媒—开创中国品牌校园营销数智化模式	徐昌勇	刘涛、杨敏	生命科学学院	银奖
5	豆惠万家——重树中国大豆原产地优势	李兰馨	孔凡江、南海洋	生命科学学院	银奖

（续上表）

序号	项目名称	项目负责人	指导老师	项目负责人所属学院	奖项
6	锐能热管——国内领先的热管定制服务实现芯片高效散热	何振霆	向建化、李萍、黄家乐	机械与电气工程学院	铜奖
7	雁回乡——从城市农民工到乡村领头雁	隆惠清	谢建社	公共管理学院	铜奖
8	善益同行——融媒聚力，托起乡村孩子成才梦	吴清清	聂衍刚	经济与统计学院	铜奖

（供稿：教务处、创新创业学院）

11 月 15 日　刘兆清老师入选科睿唯安 2022 年度全球高被引科学家

　　11 月 15 日，科睿唯安 2022 年度全球高被引科学家名单出炉，遴选全球高校、研究机构和商业组织中对所在研究领域具有重大和广泛影响的顶尖科学人才。高被引科学家的遴选方法论由科睿唯安科学信息研究所（ISI）的文献计量学专家和数据科学家基于 Web of Science™ 引文数据及其分析而制定。

　　来自全球 69 个国家和地区的 6938 名科学家入选 2022 年度名单，他们在过去十年对自然科学和社会科学的单个或多个学科产生了重要的学术影响力。中国内地今年排名第二，共有 1169 人次入选，与美国的差距进一步缩小。我校共有 2 位科学家上榜，其中刘兆清教授连续两年被遴选为交叉学科的高被引科学家。

（供稿：化学化工学院）

11 月 15—18 日　樊军辉、邓荣标老师荣获中国天文学会表彰

11 月 15—18 日，在中国天文学会成立一百周年纪念大会暨第十五次全国会员代表大会上，我校樊军辉教授荣获中国天文学会 2012—2021 年突出贡献奖，邓荣标老师荣获中国天文学会天文科普先进工作者奖，王洪光教授当选第十五届理事会理事。

（供稿：物理与材料科学学院）

11 月 18 日　吴毅、余文华老师团队参与编撰的《中国兽类分类与分布》正式出版

《中国兽类分类与分布》一书历时六年，近期由科学出版社正式出版。该书根据最新的形态学和分子遗传学证据，综合现代兽类分类学家意见，整理并收录了截至 2022 年 6 月在中国有确定分布记录的兽类 12 目 58 科 256 属 694 种，为我国兽类多样性保护提供了最新的基础资料，具有重要的科研价值。

我校生命科学学院吴毅教授作为该书第二副主编，与余文华教授一起组织并参与了该书翼手目的编撰，按照最新的研究进展对翼手目物种分类进行梳理与厘定，为我国翼手目分类及相关研究提供科学依据。

十一月

（供稿：生命科学学院）

11 月 18 日　杨礼香、汪珍春老师负责的科普基地入选全国科普教育基地名单

近日，中国科学技术协会公布了 2021—2025 年第一批全国科普教育基地补充认定名单，生命科学学院杨礼香、汪珍春老师负责的"广州大学环境与生态文明科普基地"入选，这是学校首次通过全国科普教育基地认定。

（供稿：生命科学学院）

11 月 19 日　窦凯老师在中国心理学会经济心理学专业委员会 2022 年学术年会做主题报告

11 月 19 日，我校教育学院与中国心理学会经济心理学专业委员会联合主办、广东省哲社重点实验室协办的中国心理学会经济心理学专业委员会 2022 年学术年会开幕。本次年会以线上方式举行，吸引近 2 万人次观看直播，会议被《光明日报》、新华网、《中国经济导报》、中国教育在线、《南方都市报》、《广州日报》、《羊城晚报》等多家媒体报道。我校窦凯副教授应邀在大会上做了名为《处境不利青少年的风险偏好》的主题报告。

（供稿：教育学院）

11 月 19 日　董波老师牵头承办中国艺术人类学理论与实践研究高端论坛

11 月 19 日，中国艺术人类学学会科研基地、广州大学音乐舞蹈学院艺术人类学研究所揭牌仪式暨中国艺术人类学理论与实践研究高端论坛于云端举行，该论坛由我校音乐舞蹈学院董波教授牵头承办。

中国艺术人类学学会秉承"从实求知，研以致用"的学术理念，一方面，用艺术人类学理论和艺术民族志方法发现、解决艺术和文化领域的问题；另一方面，用在田野调查中获得的丰富一手材料提炼的经验感知建构自己的理论和方法体系。我校希望与中国艺术人类学学会共同建设一个高质量、高水平、高精尖的学术交流平台、艺术交流平台、师资培训平台及社会服务平台，共同为中国艺术人类学的研究和发展做贡献。

（供稿：音乐舞蹈学院）

11 月 22 日　马玉宏老师提交的参政议政成果获致公党中央表彰

11 月 22 日，2022 年度中国致公党参政议政工作研讨会在北京召开，会上表彰了"致公党中央 2021 年度参政议政优秀成果"，致公党广东省委会 24 件成果共受到 27 项表彰。我校工程抗震研究中心执行主任马玉宏提交的《关于开展核电厂结构减隔震关键技术攻关，提高核电安全性和场址适应性的建议》成果位列其中。

（供稿：工程抗震研究中心）

11 月 26 日　张灵敏老师获评第七届中国数据新闻大赛优秀指导老师

11 月 26 日，第七届中国数据新闻大赛决赛暨"智能时代的全媒体传播"学术论坛在线上隆重举办。新闻与传播学院张灵敏老师指导的网络与新媒体专业 2020 级江春标小组的作品《无"微"不至的微塑料——"塑"战如何速决》荣获全国三等奖，张灵敏老师获评优秀指导老师。

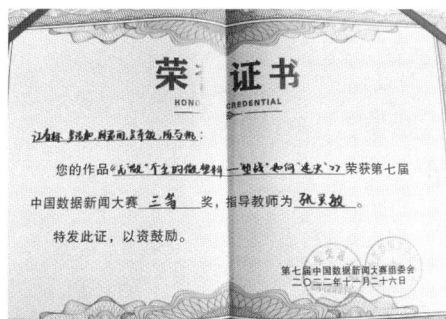

（供稿：新闻与传播学院）

我们的大学

December 十二月

12 月 1 日　窦凯老师课题组在权威刊物 *Journal of Behavioral Addictions* 发表最新成果

教育学院青少年心理与行为研究中心窦凯课题组在青少年网络游戏成瘾领域取得新进展，成果以 "Longitudinal association between parental involvement and internet gaming disorder among Chinese adolescents: testing a moderated mediation model" 为题发表于精神病学领域的权威期刊 *Journal of Behavioral Addictions*。这也是该团队关于青少年问题性电子设备使用的系列成果之一。

（供稿：科研院）

12 月 1 日　王家海老师团队联合香港科技大学邵敏华教授团队再次在国际能源知名期刊 *Nano Energy* 发表最新锂电池研究成果

化学化工学院王家海教授团队联合香港科技大学邵敏华教授团队在锂离子电池负极材料领域取得重要进展，开发了制备高 1T 相纯度 Mg 插层 MoS_2 材料的方法，成果以 "Unlocking robust lithium storage performance in High 1T – phase purity MoS_2 constructed by Mg intercalation" 为题发表于 *Nano Energy*。

（供稿：科研院）

12 月 1 日　王晋年老师参与的中国工程院咨询项目"会泽县水安全、数字林业和城乡统筹战略问题研究"启动会顺利召开

经中国工程院党组研究确定，设立"会泽县水安全、数字林业和城乡统筹战略问题研究"咨询项目（项目编号：2022 – XZ – 52）。该项目由王浩院士牵头，专家顾问团队由张守攻院士、吴志强院士、张宗亮院士、张建云院士、杨志峰院士、刘文清院士、崔愷院士、顾行发研究员和我校地理科学与遥感学院王晋年教授组成，中国水利水电科学研究院、中国林业科学研究院、广州大学、广东省数字经济发展中心、数字碳秤技术发展（广东）有限公司、昆明理工大学、会泽院士专家咨询服务中心等十余家单位的专家参与。2022 年 12

月1日，在王浩院士主持下，网上项目启动会顺利召开。

王晋年教授牵头负责课题二"数字林业驱动生态价值振兴乡村战略研究"。

（供稿：地理科学与遥感学院）

12月1日　赵中源老师专著《新时代党的治理能力研究》出版

马克思主义学院赵中源教授的专著《新时代党的治理能力研究》由人民出版社正式出版。本书立足"两个一百年"奋斗目标和"百年未有之大变局"，系统阐释了中国国家治理现代化的理性及其逻辑与形态，探讨了新中国成立以来，特别是党的十八大以来党的治国理政能力建设的实践历程及其基本经验，深入探究党的治国理政能力的要素构成及其生成逻辑，系统探讨新时代党的治国理政能力建设必须遵循的原则、方法、路径及其成效评价体系，进而把握新时代党的治国理政能力建设的基本要义与逻辑理路，从而得出推进国家治理现代化必须提高党的治国理政能力的结论。

（供稿：马克思主义学院）

12月2日　袁杨老师课题组在蛋白/微量元素复合体系构建研究中取得重要进展

化学化工学院袁杨老师课题组在食物蛋白/硒复合纳米颗粒的可控制备和应用方面取得重要进展，成果发表于业界顶级杂志 *Food Chemistry*。

（供稿：科研院、化学化工学院）

12月5日　韩冬雪等老师负责的18项2023年度广东省基础与应用基础研究基金项目获批

广东省基础与应用基础研究基金委员会公示了2023年度广东省基础与应用基础研究基金项目立项结果。化学化工学院喜获1项卓越青年团队项目（全校仅1项）、2项杰出青年项目（全校共7项）、9项面上项目和6项省市联合青年基金项目，拟立项金额650万元，取得了学院在同类项目获得立项数和经费数的历史最好成绩。

广州大学化学化工学院获批2023年度广东省基础与应用基础研究基金项目一览表

序号	项目类型	项目名称	立项金额/万元	负责人
1	卓越青年团队项目	光电化学传感卓越青年团队	300	韩冬雪
2	杰出青年项目	涂层界面自取向分子工程	100	吴旭
3	杰出青年项目	软界面电分析化学	100	甘世宇
4	面上项目	金属—氮共掺杂碳包覆 Fe_3O_4 多功能纳米颗粒强化微生物燃料电池的机制研究	10	李楠
5	面上项目	高效率、低成本热活化延迟荧光型有机电化学发光新体系探索	10	张保华
6	面上项目	电催化耦合 CO_2 和 N_2 制尿素的石墨烯负载双原子催化剂的理论筛选	10	纪永飞
7	面上项目	基于吲哚衍生的氮杂累积双烯中间体合成多环螺吲哚啉的新方法研究	10	刘运林
8	面上项目	三维多分子有机微界面空间电荷转移调控驱动的光电传感模式	10	秦冬冬
9	面上项目	薄层 MXene/金属磷硫化物异质复合电极的可控制备、结构调控及储钾机理研究	10	范浩森

（续上表）

序号	项目类型	项目名称	立项金额/万元	负责人
10	面上项目	表面限域型 $Ni/\gamma - Al_2O_3$ 催化剂的结构调控与相变再生对甲烷干重整性能影响研究	10	党成雄
11	面上项目	强化电极/电解液界面反应提升负极材料储锂性能的机制研究	10	刘芝婷
12	面上项目	亲/疏水链段迁移取向与交联点再生协同驱动构筑强基材粘附水凝胶涂层	10	于丹凤
13	青年基金项目	生物炭沉积二维过渡金属氧化物异质构建及电催化生物质转化性能研究	10	钟如意
14	青年基金项目	柔性可穿戴自供能电化学传感器及其对汗液中关键离子的实时监测研究	10	孙中辉
15	青年基金项目	信号增强的分子印迹型电化学 - SPR 联用传感器用于合成毒品检测的研究	10	李陈
16	青年基金项目	机器学习加速质子陶瓷电池关键材料开发	10	汪宁
17	青年基金项目	高介电、高导热聚合物复合电介质的多重界面和取向结构调控研究	10	李伟燕
18	青年基金项目	基于天然多酚缓释抗氧化纳米粒子的设计及其对橡胶抗氧化性能与机理的研究	10	郭晓慧

十二月

（供稿：化学化工学院）

12 月 10 日　　王晋军老师当选粤港澳高校外国语言文学联盟理事会副理事长

12 月 10 日，粤港澳高校外国语言文学联盟成立大会暨粤港澳三地外语学科协同发展论坛召开。我校外国语学院加入粤港澳高校外国语言文学联盟，外国语学院院长王晋军当选粤港澳高校外国语言文学联盟理事会副理事长及联盟委员会委员。

（供稿：外国语学院）

12 月 12 日　　张爱凤老师指导学生在第七届广东高校网络媒体展示节中荣获一等奖

在广东省教育厅组织的第七届广东高校网络媒体展示节中，新闻与传播学院张爱凤教授带领师生团队完成的新媒体作品《巫建新：弘扬亚夫精神，把成果呈现在大地上》在"粤易乐学"教育作品展示中斩获一等奖。

（供稿：新闻与传播学院）

12 月 13 日　　黎藜老师指导学生在中国日报"大学新闻奖"中荣获最佳标题季军

新闻与传播学院黎藜老师指导、成于凡同学创作的评论作品获得第 11 届中国日报"大学新闻奖"的最佳标题季军。中国日报"大学新闻奖"（前名为"校园学报新闻奖"）创始于 2012 年，旨在鼓励高校学子积极参与校园新闻报道、锻炼新闻写作能力以及多媒体制作、运用能力。

（供稿：新闻与传播学院）

12 月 19 日　　孔凡江和刘宝辉老师研究团队在国际权威学术期刊 *Current Biology* 发表最新研究成果

生命科学学院/分子遗传与进化创新研究中心（广东省植物适应性与分子设计重点实验室）孔凡江和刘宝辉教授研究团队，以学校为第一通讯单位，在国际权威学术期刊 *Current Biology* 上发表了题为 "The genetic basis of high-latitude adaptation in wild soybean" 的最新研究成果，系统地揭示了野生大豆向高纬度地区适应的遗传基础。

（供稿：宣传部）

12 月 22 日　陈旖勃老师在 *Small* 期刊发表二氧化锰结构色相关论文

化学化工学院/清洁能源材料研究所陈旖勃副教授与美国加州大学河滨分校殷亚东教授合作，制备了对高湿度动态水蒸气具有可逆变色响应性的二氧化锰纳米空心球彩色薄膜，在防伪和信息加密光学材料新领域具有重要应用前景，使二氧化锰这一古老材料焕发新用途。成果以 "Rapid color-switching of MnO₂ hollow-nanosphere films in dynamic water vapor for reversible optical encryption" 为题发表于 *Small* 期刊。

（供稿：科研院）

12 月 22 日　马颖老师撰写的《诺贝尔物理实验的魅力引来市民追捧》入选广州蓝皮书《广州市科协建设发展报告（2022）》

广州市科学技术协会主编的广州蓝皮书《广州市科协建设发展报告（2022）》由广东人民出版社出版发行，我校物理与材料科学学院物理系马颖副教授撰写的《诺贝尔物理实验的魅力引来市民追捧》入选该书典型案例篇。

（供稿：科研院、物理与材料科学学院）

12 月 26 日　林浩等老师带领学生在广东省大学生金相技能大赛中取得历届最好成绩

林浩、何清平、刘志宇老师在第三届广东省大学生金相技能大赛中荣获优秀指导教师奖。物理与材料科学学院选手在此次大赛中发挥出色，斩获一等奖 2 项、二等奖 2 项，同时荣获团体二等奖，取得历届最好成绩。

（供稿：物理与材料科学学院）

12 月 29 日　刘兆清老师团队在 *Advanced Materials* 期刊发表最新研究成果

刘兆清教授团队在光电催化剂与甲醇之间的作用机制方面的研究取得进展，成果以 "Activating C – H bond by tuning Fe site and interfacial effect for enhanced methanol oxidation" 为题发表在 Wiley 出版社期刊 *Advanced Materials* 上。刘兆清教授为论文的通讯作者，硕士研究生黄胜为论文的第一作者。

（供稿：化学化工学院）

12 月 30 日　谢爱磊老师课题组在 *Comparative Education* 期刊发表全球教育治理方面最新研究成果

教育学院谢爱磊教授课题组在国际和比较教育研究领域取得新进展，成果以 "Understanding China's policy responses to Pisa：using a ti and yong framework" 为题发表在比较教育领域知名期刊 *Comparative Education* 上。

（供稿：科研院）

12 月 30 日　余煜刚老师获全国法院第三十四届学术讨论会论文评选优秀奖

法学院余煜刚老师撰写的论文《党领导监督司法的机理与路径——以党委政法委为组织载体的分析》获由最高人民法院主办，国家法官学院、中国应用法学研究所、人民法院出版社联合承办的全国法院第三十四届学术讨论会论文评选优秀奖。

（供稿：法学院）

12 月 30 日　陈绮惠老师指导的作品《童心不泯育蓓蕾——记儿童文学家陈子典》获广东省 2022 年"读懂中国"活动征文作品二等奖、微视频作品二等奖

广东省教育系统关工委发布《关于公布 2022 年开展"读懂中国"活动作

品评审结果的通知》（粤教关工委〔2022〕14号），公布2022年"读懂中国"活动获奖名单。管理学院学生第五党支部书记陈绮惠老师指导团队参与制作的征文作品及微视频作品《童心不泯育蓓蕾——记儿童文学家陈子典》荣获征文作品二等奖、微视频作品二等奖。

（供稿：管理学院）

12月30日　殷丽华等老师的项目获科技部国家重点研发计划项目立项

殷丽华、韩冬雪、孔凡江、陈曦、崔杰、陈洋洋、苏申和刘园8位老师的项目获科技部国家重点研发计划项目立项，立项金额达4141万元。

广州大学获批科技部国家重点研发计划项目一览表

序号	负责人	院系所	项目名称	批准经费/万元
1	殷丽华	网络空间先进技术研究院	大规模异构物联网威胁可控捕获与分析技术	1800
2	韩冬雪	化学化工学院	主食菜肴品质的可视化感知、异物及次品识别并剔除	390
3	孔凡江	生命科学学院	重要性状功能基因自然变异挖掘及功能性标记开发	480
4	陈曦	物理与材料科学学院	脉泽监测及原恒星的时变观测研究	378
5	崔杰	土木工程学院	基于震源和场地效应等影响的地震动场精细化模拟研究	315
6	陈洋洋	工程抗震研究中心	受灾及典型特殊情况下超高层建筑振（震）动响应机理及灾变控制技术	350
7	苏申	网络空间先进技术研究院	链网测试验证及攻防靶标构建	228
8	刘园	网络空间先进技术研究院	基于智能博弈的网络安全风险主动发现与抑制机制	200

（供稿：科研院）

十二月

12 月 31 日　李拴魁、郭凯老师在商用 p 型 $Bi_{0.5}Sb_{1.5}Te_3$ 热电材料的改性方面取得重要进展

物理与材料科学学院李拴魁副教授、郭凯教授和北京大学深圳研究生院潘锋教授在商用 p 型 $Bi_{0.5}Sb_{1.5}Te_3$ 热电材料的改性方面取得重要进展。相关研究成果以 "Thermoelectric performance enhancement in commercial $Bi_{0.5}Sb_{1.5}Te_3$ materials by introducing gradient Cu-doped grain boundaries" 为题发表在材料科学领域国际知名期刊 *ACS Applied Materials & Interfaces* 上，我校为第一单位。

（供稿：物理与材料科学学院）

12 月 31 日　陈曦老师指导研究生在国际权威天文期刊 *ApJS* 上发表论文

物理与材料科学学院硕士研究生苗丹在导师陈曦教授的指导下，发现了间歇吸积源 G358.93 − 0.03 中的多条新的甲醇分子脉泽以及脉泽的光变现象。该研究成果以 "New methanol maser transitions and maser variability identified from an accretion burst source G358.93 − 0.03" 为题发表在国际权威天文期刊 *The Astrophysical Journal Supplement Series*（简称 *ApJS*）上（中科院一区）。

（供稿：物理与材料科学学院）

我们的大学

师表留踪

1月4日，新闻与传播学院刘涛、李雁老师共同指导的学生创业项目《行进20岁——中国青年社交旅行创领者》获广州大学第十三届"挑战杯"大学生创业设计竞赛金奖。

1月7日，物理与材料科学学院张冰志、皮飞鹏、潘书生老师荣获"广州大学2021年度'课程思政'优秀教师"称号。

1月7日，化学化工学院陈旖勃副教授在 *Chemical Engineering Journal* 发表最新研究成果。

1月7日，图书馆馆长刘雪明老师一行赴广东外语外贸大学图书馆调研交流。

1月8日，生命科学学院吴毅、余文华老师分别获得国家基金重大项目和科技部科技基础资源调查专项的资助。

1月11日，电子与通信工程学院秦剑老师在2021年广东省本科高校教学质量与教学改革工程高等教育教学改革项目中成功立项。

1月11日，环境科学与工程学院宋刚等老师课程思政、教研教改项目获广东省高等学校教学管理学会2021年度课程思政建设项目立项。

1月11日，公共管理学院蒋红军老师课题组助力广州市容环境卫生管理行动。

1月14日，管理学院李晓莉副教授师生团队调研报告获得来自广交会中国对外贸易中心集团有限公司的高度认可。

1月17日，创新创业学院院长王满四、副院长刘军军带队赴广东拓思软件科学园有限公司参观并交流学习创新创业孵化工作经验。

1月18日，图书馆徐汉荣、霍惠平老师退休仪式在图书馆举行。

1月20日，人文学院马将伟副教授在《文学遗产》发表学术论文《文气论与明末清初之文风》。

1月23日，化学化工学院张玉微教授获国家自然科学基金优秀青年科学基金项目资助。

1月23日，人文学院付祥喜教授论文《当代文学史料研究的"窄化"现象》入围第六届"啄木鸟杯"中国文艺评论终评。

1月，物理与材料科学学院陈曦、仝号、刘翠红教授获聘广州大学教师特聘岗位。

2月11日，黄埔研究生院院长李进教授、乡村振兴研究院院长谢治菊教授一行5人到广州市白云区江夏村综合治理中心开展调研座谈。

2 月 11 日，乡村振兴研究院院长谢治菊教授一行 7 人到广州市农业农村局（市乡村振兴局）开展调研。

2 月 13 日，乡村振兴研究院院长谢治菊教授团队所写咨政报告《关于借鉴青岛"德育银行"经验助推我省乡村善治实践新发展的建议》获广东省省委常委批示。

2 月 19 日，新闻与传播学院姚睿、曾岑老师斩获广州大学第二届教师教学创新大赛决赛一等奖。

3 月 4 日，公共管理学院万朝春、徐凌老师一行赴团省委开展"互联网 ＋"赛交流。

3 月 8 日，生命科学学院刘宝辉、芦思佳教授分别获得"十四五"国家重点研发计划"农业生物重要性状形成与环境适应性基础研究"重点专项课题和项目立项。

3 月 9 日，校党委书记屈哨兵教授以"坚定历史自信，勇担时代使命，努力成为可堪大用能担重任的栋梁之材"为题在人文学院讲授 2022 年春季学期"思政第一课"。

3 月 10 日，法学院院长张泽涛教授以"以史为鉴，开创未来"为题为本院学生讲授 2022 年春季学期"思政第一课"。

3 月 15 日，音乐舞蹈学院祝凡淇、金念、彭有庆老师在"音舞沙龙"第六十七期——"舞蹈科研交流与分享"活动上做分享。

3 月 15 日，音乐舞蹈学院董波教授在"音舞沙龙"第六十八期以"认同与自信——论中华优秀传统音乐的文化品格"为题开展讲座。

3 月 16 日，公共管理学院董石桃教授应邀为越秀区委理论学习中心组做专题报告。

3 月 18 日，公共管理学院院长陈潭教授以"广东改革与中国式现代化新道路"为题为本院学生讲授 2022 年春季学期"思政第一课"。

3 月 21 日，校长魏明海教授以"坚持人民至上，为资本设置'红绿灯'——深入学习宣传贯彻党的十九届六中全会精神"为题在经济与统计学院讲授 2022 年春季学期"思政第一课"。

3 月 22 日，公共管理学院党委书记刘向晖老师以"深刻理解'坚持人民至上'的科学内涵"为题为本院学生讲授 2022 年春季学期"思政第一课"。

3 月 22 日，音乐舞蹈学院王怀坚老师在"音舞沙龙"第六十九期分享歌曲创作"三字诀"。

3月22日，电子与通信工程学院院长唐冬教授以"学习党的十九届六中全会精神"为题为本院学生讲授2022年春季学期"思政第一课"。

3月29日，音乐舞蹈学院关涛老师在"音舞沙龙"第六十九期分享"如何开展音乐教育量化研究？——起点、构思、设计与发表"，并用SPSS软件为到场的师生现场演示如何进行T检验的教学。

3月30日，公共管理学院陈潭教授受邀出席广州市荔湾区城市工作座谈会。

4月2日，管理学院刘景矿老师指导的"大挑"项目"特大城市突发公共卫生事件应急医疗设施选址仿真研究"获得第十七届"挑战杯"全国大学生课外学术科技作品竞赛全国二等奖。

4月5日，校党委书记屈哨兵教授到桂花岗校区开展清明假期疫情防控、安全管理等工作，并与桂花岗校区学生干部代表座谈。

4月6日，公共管理学院谢治菊、刘念老师申报课题"党建引领乡村振兴的创新实践研究"和"'以红促专'：广州社会组织党建实践创新研究"，获批广州市党的建设学会2022年度调研课题。

4月12日，音乐舞蹈学院杜佳璇、王志刚老师在"音舞沙龙"第七十一期——"舞蹈创作交流与分享"活动上做分享。

4月15日，新闻与传播学院院长田秋生教授参加第八届澳门国际传播周开幕式活动。

4月18日，新闻与传播学院刘玉萍老师带领学生携手番禺区政府合作"大喇叭"项目，奏响防疫"好声音"。

4月20日，音乐舞蹈学院郑慧娟老师举办"广大，你好！我们正青春"独唱音乐会献礼五四青年节。

4月20日，体育学院李卫东教授的"拓星计划"星级课程示范课（课程思政系列）"羽毛球2（主项）"开课。

4月23日，工程抗震研究中心周福霖院士在广东省立中山图书馆以"新时代工程结构抗震技术的发展和应用"为题向公众做了第296场《珠江讲堂》视频科普讲座。

4月23日，公共管理学院陈潭教授受邀出席南京大学政治学百年纪念大会暨新时代中国政治学科建设论坛。

4月23日，新闻与传播学院张爱凤教授导演"青春与经典同行"诗歌朗诵会。

4月26日，数学与信息科学学院曹广福教授一行赴清华附中湾区学校参加实习（实践）教学基地签约仪式。

4月26日，音乐舞蹈学院崔璨璨老师在"音舞沙龙"第七十二期活动上分享"音乐教育研究中的T检验及其在SPSS中的运用"，并现场指导师生。

4月26日，图书馆刘雪明、钟晓玲老师一行赴黄埔研究生院调研交流。

4月28日，数学与信息科学学院党委书记郑美玲老师率队走访广大附中南沙实验学校，与该校校长陈文学签署毕业生就业实习实践基地建设协议。

5月4日，新闻与传播学院曾丽红老师指导的学生纪录片作品《造梦者》在"强国有我、不负青春"主题视听作品评选中荣获三等奖。

5月6日，新闻与传播学院李雁等老师赴中央广播电视总台央视网广东分公司开展访企拓岗促就业专项行动。

5月7日，副校长张其学教授带队走访新华三集团及其产业孵化园。

5月8日，教育学院窦凯副教授受邀为南沙区中高考生做了一场题为"科学调适心态，从容迎接中高考"的考前心理调适专题讲座。

5月10日，人权研究院刘志强等老师受邀参加由中国人权研究会、奥地利奥中友好协会等单位主办的"2022·中欧人权研讨会"。

5月10日，新闻与传播学院张爱凤教授主讲广州大学国家语言文字推广基地的线上普通话水平提升专题讲座。

5月10日，音乐舞蹈学院刘瑾等老师在"音舞沙龙"第七十三期活动上以"线上+线下混合课的制作与推广"为主题进行分享与交流。

5月10日，公共管理学院蒋红军副教授出席广州城市管理研究联盟2022年度理事会。

5月12日，环境科学与工程学院宋刚、张鸿郭教授主持的"废弃生物质热解处理及资源化综合实验"项目通过验收。

5月13日，校长魏明海教授带队走访广州金域医学检测集团股份有限公司。

5月13日，新闻与传播学院田秋生教授主持召开国家一流专业建设专家咨询会。

5月13日，校纪委书记陈晓晖老师带队走访广州市友谊对外服务有限公司。

5月16日，数学与信息科学学院院长彭济根教授率队走访广州竞远安全技术股份有限公司，与该公司董事长林殿魁签署毕业生就业实习实践基地建设协议。

5月17日，音乐舞蹈学院常诚等老师在"音舞沙龙"第七十五期活动上分享艺术类公选课教研实践心得。

5月18日，科研院副处长张延平、李小华与番禺区大学城管委会和广州科技企业孵化协会一行在我校进行座谈。

5月21日，新闻与传播学院许莹冰老师受广东省文化学会邀请担任"越秀书香·陌上花开诗会"活动的总导演。

5月23日，教育学院王孟成教授团队在心理学领域重要期刊 *Current Psychology* 上发表高水平论文。

5月23日，音乐舞蹈学院郎逸峰、杜帅黎老师在"音舞沙龙"第七十六期活动上分享"国外器乐教学模式的分析与探讨"。

5月24日，机械与电气工程学院江帆老师采取线上与线下相结合的模式，以"创新在身边，可拓助您行"为题主讲青年讲坛。

5月24日，音乐舞蹈学院王鹏老师在"音舞沙龙"第七十七期活动上分享"钢琴演奏技巧革新与音乐表现力的关系"。

5月25—30日，音乐舞蹈学院王洪涛、郑慧娟、常诚老师受邀做客"广州大剧院·慢直播 ｜ 漫游经典"栏目。

5月26日，地理科学与遥感学院张新长教授再次当选新一届中国测绘学会智慧城市工作委员会副主任委员。

5月26日，副校级领导邓成明教授带队赴蕉岭调研乡村振兴帮扶工作。

5月28日，物理与材料科学学院马颖老师带领物理实验科普团队组织开展了主题为"科普零距离，你我共精彩"的广州市科普开放日活动。

5月29日，新闻与传播学院刘涛等老师指导的项目"行走20岁——中国青年社交旅行创领者"获得第十三届"挑战杯"广东大学生创业计划竞赛银奖。

5月30日，化学化工学院刘鹏等老师指导参赛团队在第十三届"挑战杯"广东大学生创业计划竞赛中获得一金一银一铜的好成绩。

5月31日，音乐舞蹈学院欧阳蓓蓓副教授带领师生举办"华风雅韵"中国古诗词艺术歌曲音乐会。

5月31日，公共管理学院谢治菊教授参加广州社科联学习贯彻省第十三次党代会精神座谈会。

5月31日，新闻与传播学院李雁等老师走进广州粤政网络信息科技有限公司进行访企拓岗。

5月，法学院蒋银华教授被评为广州市高层次人才。

6月1日，校工会常务副主席杨勇老师带队走访广东广垦绿色农产品有限公司。

6月2日，副校长周云教授带队走访广州建筑集团。

6月6日，音乐与舞蹈学院唐颖老师带领本院2021级研究生举办中国钢琴作品专场讲演音乐会。

6月7日，公共管理学院周利敏教授应邀出席"老城市新活力与韧性城市建设"专家座谈会。

6月8日，图书馆馆长刘雪明老师入选广东省高校图书情报工作指导委员会委员。

6月8日，校长魏明海教授一行出席广东省植物适应性与分子设计重点实验室揭牌仪式暨学术委员会第一次会议。

6月8日，音乐舞蹈学院郭小青老师带领学生共同演绎了一场四大名著经典曲目音乐会。

6月10日，化学化工学院王邦芬老师主持广州大学青年博士学术联谊会举办的"面向高效气体分离的计算机辅助材料与过程集成设计"主题讲座。

6月10日，副校长孙延明教授带队走访广州力麒智能科技有限公司。

6月11日，新闻与传播学院李鲤教授获广东省高教学会2021年度课程思政建设项目立项。

6月13日，新闻与传播学院张爱凤、音乐舞蹈学院弓丽等老师主持的案例《传诵中华经典　讲好中国故事——"一课两翼　四轮驱动"推进大学美育实践创新》《让合唱教育成为高校美育的重要形式——以广州大学学生艺术团合唱团建设为例》在广东省高校美育优秀案例评选活动中获奖。

6月13日，管理学院谢洪明教授的《广东应对中美科技竞争的几点建议》获广东省领导批示。

6月17日，公共管理学院陈潭教授应邀出席"数字化治理激活城市新活力"研讨会。

6月18日，公共管理学院王利兵老师一行参加中国首个"鲎保护社区"成立仪式。

6月20日，副校长孙延明带队走访广州力赛计量检测有限公司。

6月21日，音乐舞蹈学院金燕、王怀坚老师光荣退休欢送会在文逸楼会议室举行。

6月23日，环境科学与工程学院孔令军教授当选广东省青年联合会委员。

6月25—26日，公共管理学院谢治菊教授一行出席第二届东西部协作助力乡村振兴论坛。

6月26日，校党委书记屈哨兵教授前往学生宿舍看望延迟离校毕业生。

6月27日，法学院陈刚教授在同济大学做"民事实质诉讼法的探源与复兴"专题讲座。

7月2—3日，公共管理学院蒋红军、彭铭刚老师出席新文科与公共管理专业建设经验交流会。

7月2—4日，公共管理学院郭永真老师应邀参加第十届世界和平论坛。

7月3日，副校长吴开俊教授率队赴新疆开展家访活动。

7月6日，公共管理学院董石桃教授应邀为浙江省平阳县纪委监委做专题报告，应邀出席2022清廉工程建设研讨会。

7月8日，《南方都市报》刊发了专访校党委书记屈哨兵教授的报道《奋进新征程　建功新时代　大湾区高校高质量发展高端访谈｜南都专访广州大学党委书记屈哨兵：大学要不断创新、聚集高层次人才》。

7月8日，公共管理学院王枫云、彭铭刚老师到广东扶贫开发协会实践基地调研。

8月9日，公共管理学院郭明老师应邀为广州从化吕田基层干部开展业务培训。

8月22日，公共管理学院谢治菊教授出席由广东省减贫治理与乡村振兴研究院、广东省社会保障与社会政策研究中心、华南农业大学公共管理学院共同主办的"社会保障、减贫治理与共同富裕"研讨会。

8月24日，副校级领导邓成明教授、乡村振兴研究院院长谢治菊教授出席2022中国—东盟教育交流周开幕期活动。

8月27日，公共管理学院张茂元老师出席2022年技术社会学年会"技术应用的社会影响"研讨会。

8月29日，物理与材料科学学院王洪光教授牵头组织的海珠区"星辰计划"青少年科普活动启动仪式在太古仓（太空间）隆重举行。

9月3—4日，方滨兴院士、刘金全教授、戴伟华教授、樊军辉教授4位专家分别为本科新生主讲新学期"名师第一课"。

9月4日，土木工程学院院长谭平教授在中国钢结构协会结构稳定与疲劳分会第 17 届（ISSF–2020）学术交流会暨教学研讨会闭幕式上致辞。

9 月 4 日，管理学院王学通等老师共同撰写的案例《要"输血"更要"造血"：华润剑河希望小镇扶贫模式》在第十三届全国"百篇优秀管理案例"评选中荣获"百优"，再创佳绩。

9 月 5 日，土木工程学院吴杨教授获得国家优秀青年科学基金项目资助。

9 月 6 日，物理与材料科学学院张江水老师获得 2021—2022 年度"广州大学第十四届最受学生欢迎教师"称号。

9 月 7 日，图书馆馆长刘雪明老师一行赴黄埔研究生院调研交流知识产权信息服务。

9 月 11 日，音乐舞蹈学院彭有庆师生受邀参加南越王博物院举办的"南博之夏·古风露营季"中秋游园快闪表演活动。

9 月 13 日，管理学院刘景矿、马骁智老师获 2022 年国家社科基金项目立项。

9 月 13 日，经济与统计学院周晨老师获 2022 年国家社科基金项目立项。

9 月 17 日，校长魏明海教授带队赴蕉岭调研乡村振兴帮扶工作并走访校友。

9 月 17 日，物理与材料科学学院马颖、谢洪鲸教授带队参加全国科普日主会场活动。

9 月 20 日，国际教育学院常向阳教授为来华留学生们做题为"从'双碳'目标谈人类命运共同体"的讲座。

9 月 21 日，图书馆副馆长肖杏烟老师一行赴华南师范大学图书馆调研。

9 月 23 日，校长魏明海教授以"做习近平新时代中国特色社会主义思想的坚定信仰者、忠实实践者"为题在人文学院讲授 2022 年秋季学期"思政第一课"。

9 月 23 日，机械与电气工程学院王亚飞老师作为第二作者在 *Science* 期刊发表合作学术论文《制备高效稳定的 3D/2D 双层堆栈结构钙钛矿太阳能电池》。

9 月 26 日，马克思主义学院院长赵中源教授以"坚定马克思主义理论自信"为题为本院学生讲授 2022 年秋季学期"思政第一课"。

9 月 27 日，教育学院党委书记麻彦坤教授、院长马凤岐教授分别以"伟大复兴：中华民族最伟大的梦想""投身实现共同富裕的伟大事业"为题为本院学生讲授 2022 年秋季学期"思政第一课"。

9月29日，生命科学学院党委书记陈筠、院长黎家分别以"培养对接粤港澳区生物医药产业发展需要的应用技术型人才""仰望星空，脚踏实地，成就精彩人生——与研究生朋友们谈谈我的一些感悟"为题为本院学生讲授2022年秋季学期"思政第一课"。

9月30日，新闻与传播学院徐来、李彦老师获2022年国家社科基金项目立项。

9月30日，新闻与传播学院夏清泉等老师获教育部人文社科研究项目立项。

9月，音乐舞蹈学院院长罗洪教授为清远市清新区禾云镇指导创作镇歌《禾云向往》，辅导镇里干部职工唱歌，用音乐鼓舞村民。

10月10日，公共管理学院杨芳老师在广州大学第21期教学学术沙龙上分享"大学生学习共同体及其学习力"。

10月12日，网络空间安全学院举办网络空间先进技术研讨会，刘园教授和田志宏教授邀请三位网络安全领域国际知名专家学者线上做学术报告。

10月21日，校纪委书记陈晓晖老师带队赴蕉岭广福镇调研乡村振兴帮扶工作。

10月27日，音乐舞蹈学院副院长王洪涛教授带领师生在演艺中心举办"涛声依旧——汉语古典诗词歌曲音乐会"。

10月，物理与材料科学学院马颖老师编著的《大学物理实验教程（第3版）》由清华大学出版社正式出版。

11月3日，物理与材料科学学院马颖老师指导的学生项目"亲自动手操作一个诺奖物理实验——基于高校实验室开展科普活动的研究实践"在中国科协研究生科普能力提升项目中获得立项。

11月4日，公共管理学院陈潭、董石桃教授应邀出席广东省委党校学术研讨会。

11月6日，公共管理学院陈潭教授应邀出席《世界能源发展报告2022》发布会。

11月10日，物理与材料科学学院杜斌等老师获2023年度广东省基金项目立项。

11月10日，电子与通信工程学院李俊等老师获广东省自然科学基金项目立项。

11月10日，管理学院刘芳等老师获广东省自然科学基金项目立项。

11月10日，土木工程学院袁杰等老师获2023年度广东省自然科学基金杰出青年项目等立项。

11月16日，机械与电气工程学院彭凌西老师采取线上与线下相结合的模式以"让编程为梦想插上翅膀"为题主讲青年讲坛。

11月17日，地理科学与遥感学院肖福安副教授指导本科生张意岑等在 *Urban Climate* 期刊发表学术论文。

11月18日，生命科学学院董利东老师获2023年度广东省自然科学基金杰出青年项目立项。

11月19日，公共管理学院王枫云教授出席第十一届中国城市管理高峰论坛。

11月29日，公共管理学院汤秀娟老师受邀为广州黄埔开展流浪救助业务培训演练。

11月，物理与材料科学学院杜斌副教授论文"Rational design of carbon-rich silicon oxycarbide nanospheres for high-performance microwave absorbers"发表在碳材料领域国际顶级期刊 *Carbon* 上。

12月2日，法学院曾赟、张玉洁、张婷婷、段陆平老师成果分别获广州大学2022年智库成果认定。

12月2日，音乐舞蹈学院欧阳铭芮老师举办"百年风华 千秋伟业"红歌独唱音乐会。

12月3日，金融研究院李正辉等老师论文被 Web of Science 列为高被引论文。

12月10日，公共管理学院谢治菊教授出席广东省"三农"智库专家座谈会。

12月13日，物理与材料科学学院樊军辉教授事迹在新华网留学报国专题线上展播。

12月15日，地理科学与遥感学院俞方圆副教授指导本科生张意岑在 *Remote Sensing* 期刊发表学术论文。

12月17日，公共管理学院谢治菊教授一行出席"中国式现代化视域下的乡村振兴"研讨会。

12月18日，公共管理学院陈潭教授应邀出席第三届国家治理与社会治理现代化研讨会。

12月25日，经济与统计学院张新风老师讲授的"几何与代数"登录新华网—新华思政—课程思政案例课板块。

12 月 28 日，法学院蒋银华教授应邀为广州市委全面依法治市办做"坚持全面依法治国，推进法治中国建设——党的二十大报告关于全面依法治国的有关精神之解读"专题讲座。

12 月 29 日，化学化工学院王家海教授团队联合香港科技大学邵敏华教授团队再次在国际能源知名期刊 *Nano Energy* 发表最新锂电池研究成果。

12 月 30 日，新闻与传播学院李祥伟等老师的项目获市级高等教育教学质量与教学改革工程项目立项。

12 月，物理与材料科学学院潘书生教授入选广州大学教师特聘岗位。

12 月，管理学院肖佑兴副教授团队完成广州城市旅游问询救援服务中心（广州文化旅游产业促进中心）委托的课题"广州旅游形象 IP 创新研究项目"。

我们的大学

师表撷影

章以武老师："心向上"紧随时代脉动，"脚向下"扎根人民笔耕不辍

崇德向善，见贤思齐。我校章以武教授获评 2022 年第四季度敬业奉献"广东好人"。

章以武教授长期任教于广州大学人文学院，主讲影视创作等课程。他坚持将教学与实践结合，几十年如一日，从事文艺创作。他 18 岁开始文学创作，先后共发表作品近三百万字，出版的作品有电影文学剧本《雅马哈鱼档》、《爱的结构》、《小蛮腰》、《我们的肖姐》（国家电影局已立项批复）；电视连续剧《情暖珠江》（第一编剧）、《南国有佳人》、《心天一角》、《风流大学生》；五幕话剧《三姐妹》（赴港澳公演）；报告文学集《异想而天开》；中短篇小说集《朱砂痣》；散文集《风一样开阔的男人》；长篇小说《南国有佳人》；同时还有《章以武作品选》、《当代岭南文化名家章以武》（小说卷）。

电影《雅马哈鱼档》1984 年获文化部优秀影片二等奖，入选 1984 年国际柏林电影节。中篇小说《雅马哈鱼档》入选"花城首届文学奖"；五幕话剧《三姐妹》在广东省话剧院公演，1986 年被广东省文化厅评为"优秀剧本"二等奖；中短篇小说集《朱砂痣》被评为"2020 年书香羊城十大好书（文艺类）"。

章以武老师在做交流

2015 年，章以武教授荣获第二届广东文艺终身成就奖，被授予"广州有突出贡献的文艺家"称号。

章以武教授的文学创作始终坚持"心向上，脚向下"，做到"春江水暖鸭先知"，直面生活的变化，把文章写在大时代的节点上。他始终坚持以广东改革开放为主题，书写这四十多年来的光辉岁月。20 世纪 80 年代，广州正处在改革开放的风口浪尖，雨后春笋般涌现的个体户、迪斯科音乐舞动青春的旋律、港台音乐风靡全国……章教授借机创作了电影剧本《雅马哈鱼档》。影片中，广州五彩缤纷而充满活力的城市生活、浓郁的广味市井风情令全国观众眼前一亮，掀起了广大作品反映改革开放的热潮。因此，《雅马哈鱼档》被人们评价为"最早撕开计划经济的一角，敲响市场经济大门"的电影，是广东改革开放的第一张亮眼名片。在改革开放的四十多年里，章教授始终坚持以"书记员"的身份，"潜入"广州这个改革开放的前沿地和热土中，潜入广味十足的日常生活中，书写了多部反映时代潮流、折射中国南方社会生活的纪实作品。人们可以从他的作品中找到珠江三角洲成长的印迹，在他的作品中认识广东、了解广东、记住广东。

章以武教授表示，生命不息，创作不止，"感谢珠江三角洲这片土地，也感谢几十年来在广州大学的教学生涯，这给我很大的创作空间"。在谈到未来的计划时，章教授说："未来仍会全身心地投入写作当中，书写在新时代里所发生的感人肺腑的中国故事，让更多人了解改革开放下的广东。人不能闲，闲会生锈。我仍会扛着舢板去寻找河流！"

（该稿来源：《光明日报》）

马玉宏老师："稳住"超级工程，让建筑抗震不倒

她在抗震隔震领域耕耘了 30 多年，从祖国的最北方一路走来，将青春献给了祖国的工程建设，为广东的高质量发展贡献了坚实力量。她，就是广州大学工程抗震研究中心执行主任、博士生导师马玉宏。

2011 年，马玉宏所在的工程抗震研究中心团队接到港珠澳大桥的设计任务，所有成员紧急行动起来。历经大半年的时间，最后研究实验形成的报告厚度有小半米高。马玉宏所在团队在国内外首次系统地开展了"海洋环境和地震耦合作用下隔震支座和材料性能力化理论和实验研究"，所创建的海洋环境下橡胶隔震支座及材料耐久性理论为港珠澳大桥隔震关键技术的研究和应用做

了突出贡献。

马玉宏成长在黑龙江省牡丹江市穆棱林业局下的一个小林场，家中五个孩子，她是最小的一个，童年艰苦的成长环境造就了她吃苦耐劳的品格。担任小学校长的父亲特别重视家庭教育，这也让马玉宏将吃苦耐劳的劲头更多地用在了学习上。

马玉宏从小保持着良好的学习习惯和对学习的热爱，从大学本科一路到博士，她一头扎进专业里，并在攻读博士期间遇到了对她科研生涯产生深远影响的导师谢礼立院士。

2004年，马玉宏经谢礼立院士的推荐，从祖国的北方来到南方，成为广州大学周福霖院士团队的一员，致力于隔震技术的研究和推广应用，从纯理论研究转向了理论与实验、实际工程应用相结合，并参编我国第一部建筑隔震设计标准、第一部桥梁隔震支座和建筑弹性滑板支座国家标准，填补了国内在此方面的空白。

2008年汶川地震发生后，为了拿到一手资料以研究建筑结构真实的破坏状态，找准提高建筑结构安全的技术方法，马玉宏随广州大学工程抗震研究中心团队奔赴地震现场考察，她是队里唯一一位女性。

"2008年汶川地震，我们周院士是国务院专家组的成员，工程院推荐了三项技术，其中一项就是隔震技术，我们实验室承担了汶川很多恢复重建工程的隔震设计，全中心所有人员都参与援建汶川。"马玉宏说道。

工作中的马玉宏老师

历时半个月，从汶川返回后，马玉宏积极投身震区的恢复重建工作，与其他团队成员共同承担了20多栋建筑的结构隔震设计工作。汶川疾控中心、汶川县第二小学等都有他们的参与。

直到现在，马玉宏依然保持着早起晚睡的节奏，与过去不同的是，实验室的管理工作如今占据了她白天大多数时间。当年那个在团队里埋头做科研的女博士，如今也成了为年轻博士们指路的导师。如何带领团队，为年轻人保驾护航，也成为马玉宏认真思考的问题。

"我们要鼓励扶持年轻人，因为年轻人特别不容易，有来自学校的压力、家庭的压力，年轻的时候是压力最大的时候。那我无论是从项目的支持，还是荣誉的支持，都倾向年轻人。我们弄了一套一系列的科普书，我一直在帮他们联系、协调、找出版社……全是我在弄，但是，一定是他们是第一作者，哪怕有我们的贡献，我们是排在后面，为他们保驾护航的。"

在当今高校专业的选择上，土木工程并不算热门。网络上有这样的声音："学土木就是下工地搬砖"，马玉宏认为这是人们不了解土木工程专业而产生的刻板印象，在她眼中，土木工程充满了魅力和前景。

"咱们中国这些大工程在世界上是一流的，这些大工程背后很多的科学问题我们还没有摸得特别透，我们还需要继续研究，实际上前景是很好的，桥梁啊、隧道啊，甚至我们还可以开拓领域，如地下空间开发，甚至月球上的什么东西都和我们有关系。像智能建造，本科就有这个专业了，人工智能也开始越来越多地应用到土木领域，赋能地铁隧道等交通建设。"

时代在发展，科学探索永无止境。马玉宏说，她会在自己热爱的这个领域一直深耕下去，继续为这些大工程的高质量建造助力。同时，她也希望用行动，用她的成长故事与科研经历更好地带动团队里的年轻人，勇于创新，勤于探索，为广东的高质量发展贡献源源不断的力量。

（该稿来源：广东省妇联宣传部、广东广播电视台、广东新闻广播）

刘晓初老师：如椽巨笔　大地文章

最美广州科技工作者和中国科学人

广州大学机械与电气工程学院刘晓初老师，湖南耒阳人，父母亲都是党员，父亲是中学校长，教政治，母亲是中学语文老师，爷爷曾是当地小有名气的先生，可谓教师之家，从小就受家庭的教育熏陶，父母亲期望他当科学家、

刘晓初老师

发明家或教育家，报效祖国。他也没有辜负父母亲的期望，16岁就考上大学，从此步入科学的殿堂。

具有丰富人生阅历的他，是一位党龄、工龄近双"卅载"的资深教授。刘老师在军队、研究所、企业、高校都有过工作经历，正是因为这样，他既有军人的豪迈，又有工程师的实干精神，还有教授所具备的科学素养。他直爽儒雅、待人真诚、心地善良，是一个性情中人，但是最令人佩服的还是他身上那股"执着劲儿"和"拼劲"。在他看来，攻坚克难的根本途径，就是啃书本、勤动手、常琢磨，要有足够的知识储备和实践经验以及长期的沉淀积累，才能取得突破。

创新铸就事业，发明改变人生。刘老师是我国最早提出完整的双列角接触球轴承、外凹内凸直线球轴承设计理论和制造方法的学者，是高端装备轴承等关键核心零部件精强冲研（又称强化研磨、冲研强化）和太阳能自动节水灌溉器的原创者，他为此花了近四十年的时间。他主持国家自然科学基金项目（重点）、国家重点研发计划项目等 10 项，发表论文 200 多篇，授权发明专利 120 余件；主持制定国家和省团体标准 5 项。刘老师开创了金属材料表面精强冲研、光伏智能灌溉、轴承高性能设计与制造新方向，实现从无到有的系统创新，打破西方技术封锁，在引领支撑我国机器人、高铁、航天航空等核心零部件制造和灌溉装备发展等方面做出了突出贡献。

突破技术封锁，原创精强冲研。刘老师及团队针对被西方"卡脖子"高端装备零部件高强、高精、高可靠、长寿命等技术瓶颈，颠覆先强化后精加工的传统理念，为先精加工后强化发明了表面精强冲研制造工艺及装备的精密强化技术；建立基于残余应力轴承等零部件的寿命公式，形成了完备的技术体系；通过球丸—磨粒动能转换和物理化学效应，在表面层形成润灌微织构、强韧化层及超高残余压应力复合结构，解决了已有表面强化易变形、易脱落、残余压应力低等难题，使以轴承为代表的零部件高精度保持、抗疲劳、耐磨蚀、耐高温、抗冲击等性能指标全面显著提升，寿命提升至原来的 4.73 倍以上，并实现以水代油、以气代液、以常温氮气代空气的绿色制造。中国机械工程学会组织鉴定认为，该成果研发难度大，关键技术具有原创性，关键技术指标和产品国内外领先，对我国高端装备轴承等零部件及其装备制造水平提升具有重大推动作用。该成果获第五届中国先进技术转化应用大赛优胜奖、2020 年全国发明展览创业项目金奖。

取水不易，田梦初耕。刘老师出生在具有浓厚农耕文化的湖南耒阳。几十年来，他不忘农机初心，这也成为他前进道路上的动力。节水灌溉，貌似很平常的技术，但涉及电子、信息、机械、农学等知识，关系到农业安全，承载千年梦想——水是农业的命脉。在国外，20 世纪 60 年代，以色列斯迈哈·博拉斯父子发明了滴灌技术，英国人西里尔（Cyril）发明了太阳辐射有响应的控制装置；20 世纪 70 年代澳大利亚科学家 D. J. Chalmers 和 I. B. Wilson 提出了调亏灌溉原理。在我国，20 世纪中国工程科学家茆智院士提出了水分生产函数和作物受旱复水"反弹"灌溉理论方法。

1997 年康绍忠院士提出交替灌溉方法。2001 年刘老师提出"太阳能全自动灌溉控制器"的设想，后又在 2017 年提出"干深时域智能节水灌溉方法"并获得发明专利授权，这也宣告了一种原创性科学灌溉方法的诞生。这一技术颠覆了传统含水率灌溉从关注湿改干控制，并且提出干深时根域控制的灌溉方法，克服了湿不到根和定时灌溉的盲目性等缺陷，发展了调亏灌溉理论，目前已成功产业化，研发出干深时域智能节水灌溉机器人，

工作中的刘晓初老师

通过精准数字化、无人智能化、水肥一体化灌溉，实现了农业作物种植省工、灭害、低耗、优质、高产，以及土壤改性、改良。

知名科技和行政决策评审专家

心有尺规行不乱，意存公正气堪平。刘老师是科学部、教育部以及地方多省市的自然科学基金、重点研发及人才项目的评审专家。问及他怎么把握评审尺度时，他认为：

首先，要看申请人有没有问题导向，是真问题还是"无病呻吟"，是真想干事还是另有所图。

其次，是有多少创新，是"排列组合式""加法式或叠加式""嵌入迁移式"创新，还是确实对解决瓶颈和"卡脖子"问题有突破式的创新，以及创新的难度、深度、高度（内涵），而不在于听起来有多少时髦的、"高、大、上"的概念（形式），要特别关注申请人的创新形式是哪一类。刘老师认为创新形式有三类，第一类是科学意义上的创新，其最高境界在于发现，形成新知识，解决人类社会的认知问题，为培养学生和工程师研发提供科学理论知识或依据；第二类是技术研究的创新，其最高表现形式是发明，是应用已有的科学理论和知识解决工程实际问题并取得意想不到的突破，解决真正的瓶颈和关键问题；第三类是科学技术原创，发现了新的科学原理、现象和方法，以及揭示了事物发展变化的规律，并运用自己的发现形成新知识进行发明创造，这就是科学技术原创，它既有发现又有发明，这是科学技术研究的最高层次。

再次，看申请书的科学和技术研究本身的意义，能否解决国家长远问题或急需解决的真问题，是否对学科、行业、社会有难以估量的推动作用。

最后，还要看是否可行，重在"转化"和"落地"。当专家不仅要会"数数"、看文笔功夫、找毛病，更重要的是要善于发现和挖掘并不耀眼却有潜在内涵的项目，才能不辱使命，当好"伯乐"。

深受学生欢迎的好教师

春风化雨润桃李，丹心向阳育英才。学生是这样评价刘老师的："授课有条理，有重点，对同学既热情又严格。""上课有时非常幽默，有时非常严格，不过还是非常有教授风度的，不妨自己来听听！大家很崇拜他哦。""刘老师治学严谨，要求严格，能深入了解学生的学习和生活状况，循循善诱，平易近人；注意启发和调动学生的积极性，课堂气氛比较活跃。""上课例题丰富，不厌其烦，细心讲解，使学生有所收获。总之，刘老师是一位不可多得的好老师！"

刘老师是中国机械工业教育教学委员会委员，被评为广州大学首届最受欢迎的老师。1995 年成为老师后，为了教书育人，他研读过凯洛夫、苏霍姆林斯基、布鲁纳、杜威的教育书籍，如苏霍姆林斯基《给教师一百个建议》等名著，出版了《机械设计教程——理论、方法与标准》《图解机械工程英语》教材 2 部。

刘老师带领其他老师建设了广州大学机械工程学科第一个硕士点，建立了广东省联合培养研究生示范基地（省级）。此外，刘老师经常资助困难学生，并培养许多学生成为技术骨干、管理干部，同时刘老师悉心指导的年轻教师获得了国家自然科学基金项目资助，还培养出了许多教授、副教授。

情趣高雅的诗棋爱好者

以诗言情励志，以棋炼脑添趣。刘老师工作之余，生活也很有情趣。他是学校象棋协会会员和象棋赛队员，热心资助协会活动，是学校和社区棋协活动积极分子，曾代表学校参加广大—华师象棋赛以及番禺区石楼镇象棋赛。他常在自己的朋友圈、期刊及学术报告上分享或发表他的诗作。

刘老师兴趣广泛、颇有情怀，他是专家中的诗歌爱好者，诗歌爱好者中的专家。无意当中我们发现了他的一首诗，与大家分享：

丰收在望

喜看稻田绿油油，
往惜峥嵘岁月稠。
年少离乡不忘农，
一心向学搞研究。

粮食安全计长久，
十亿吃饭当解忧。
生产之要须节水，
国家战略记心头。

实践真知把渔授，

师表撷影

科技问题为需求。

神禹智能建奇功，

四季灌溉不用愁！

春光无限愿长久，

壮志不酬志不休。

只为祖国保丰收，

润泽五洲铺锦绣！

我们殷切地期望着刘晓初老师的科研成果在祖国大地到处生根、开花、结果！祝愿刘老师明天更美好、更辉煌、更灿烂！

（供稿：机械与电气工程学院）

孔凡江老师：解密大豆基因　守护种业安全

孔凡江，广州大学生命科学学院二级教授，博士生导师，广州大学分子遗传与进化研究中心副主任，广东省植物适应性与分子设计重点实验室副主任，国家杰出青年科学基金获得者（2017），入选中国科学院"引进国外杰出人才百人计划"（2010），黑龙江省杰出青年基金获得者（2013），广州市杰出人才（2018），获得第十五届广东省丁颖科技奖（2019），国家自然科学基金委重大项目首席科学家（2020），广州市"最美科技工作者"（2022），担任学术期刊 *Plant Physiology*、*Molecular Breeding*、*The Plant Genome*、《遗传》、《植物学报》编委，担任中国植物学会细胞生物学专业委员会委员、中国植物生理与植物分子生物学学会开花成熟衰老专业委员会委员。研究方向是大豆分子遗传学和分子育种，从事控制大豆重要农艺性状的基因发掘和调控网络和大豆分子设计育种研究，克隆了一系列控制大豆适应性和产量性状的重要基因，阐明了光周期调控大豆开花的分子机制，证明了光周期适应性基因在驯化与变异过程中的选择规律和提高大豆适应性与产量的重要机制。

深耕一个领域，推动行业向前

大豆是我国乃至世界上重要的粮、油、饲作物，为全球供应了一半以上的油料和近四分之一的植物蛋白。相关数据显示，我国大豆年消费量高达 1 亿多吨，大豆产需缺口巨大，对外依存度达80%。孔凡江老师基于我国大豆现状，决心解决大豆产业"卡脖子"问题，在有限耕地的国情下，通过提高单产实现"大豆复兴"。

孔凡江老师一直潜心进行豆科作物的基础理论和品种优化研究，几十年如一日，不是到试验田就是在实验室，几乎没有休息日、节假日，甚至春节也是在实验室度过，通常一待就是十几个小时，实验室清冷的灯光见证了他和团队每个人的不懈付出。

大豆是光周期敏感型短日照作物，光周期控制着大豆的开花期和成熟期，从而影响大豆的适应性和单株产量。大豆对光照非常敏感，很难培育高产品种，孔凡江老师团队利用基因技术来培育高产品种。功夫不负有心人，自2010年回国组建实验室以来，孔凡江老师团队取得了一系列突破性的重要进展和研究成果。研究成果阐明了大豆光周期调控开花的分子机制，不仅为解决早熟与高产之间的矛盾提供理论依据，而且可为高产大豆新品种的分子设计育种提供关键核心模块，培育高产优质大豆新品种。在孔凡江老师等科研工作者的潜心研发下，我国大豆种植面积单产已实现了量的飞跃，并力求奋力实现质的飞跃。

"科学最原始的驱动力就是兴趣，我做研究的时候就是非常有兴趣，当我越做越深的时候，我就发现我不知道的东西越来越多，我就会越来越想知道它，我就想一生从事科学研究。"孔凡江老师就是这样一位"痴人"，风华正茂时走上科研道路，咬定一个领域不懈探索。他的研究团队多年来对大豆光周

工作中的孔凡江老师

期调控的开花途径和适应性机制进行了系统和深入的研究，并取得一系列具有重要科学价值和广阔应用前景的原创性成果，在 *Nature Genetics*、*Nature Communications*、*Proceedings of the National Academy of Sciences of the United States of America*、*Current Biology*、*Molecular Plant* 等国际著名期刊发表论文 90 多篇，获得授权发明专利 3 个，培育审定大豆新品种 3 个。

扎根三尺讲台，为国育人育才

孔凡江老师在突破多项技术壁垒的情况下，依然坚持教书育人，负责任地做好教学工作，2022 年被评选为广州"最美科技工作者"。

"在大学工作的科研工作者，有两个使命：一是做科学研究，解决国家的需求；二是教书育人，为国家培养人才……他们就像一颗颗饱满且富有营养的豆子，我用心引导、栽培、言传身教，他们才能茁壮成长，惠及万家。我愿做一盏明灯，带领学生强国担当。"他认为，无论是育人，还是育豆，都是一个道理：把它当成自己的宝贝，让它在擅长的领域发光发热。

孔凡江老师为本科生和研究生开设了多门课程，深受学生们的喜爱。他教学风格独特，注重启发式教学，引导学生独立思考，培养学生的创新精神。他常常将自己的研究成果融入课堂教学，使抽象的生物知识变得生动有趣。为了帮助学生更好地掌握知识，他精心制作了大量的教学课件和习题集。他非常注重学生的综合素质培养，经常组织学术沙龙、讨论班等活动，引导学生参与科研项目，培养学生的团队协作能力。他还积极为学生提供实习和实践机会，帮助他们更好地将理论知识应用到实践中。孔凡江老师团队现有博士后、博士、

孔凡江老师

硕士研究生等 60 余人，他能针对每个人的具体情况，量身定制发展规划，手把手指导科学实验，为学生的成长、成才注入"优质"养分。

由于在教学和科研方面的突出表现，孔凡江老师多次获得教学成果奖和科研成果奖。他用自己的实际行动诠释了"学高为师，身正为范"的教育理念，他的先进事迹值得我们学习。

（供稿：生命科学学院）

刘海老师：怀报国之心，铸国之重器

刘海教授，现任广州大学土木工程学院副院长，主持国家自然科学基金面上项目（2 项）和青年科学基金项目、国家重点研发计划子课题、广东省自然科学基金面上课题、教育部留学归国人员启动基金等纵向课题，以及其他企业和高校委托横向课题共 20 余项；在国内外学术期刊和会议上发表论文 100 余篇，其中 SCI 检索 63 篇；授权国家发明专利 16 项，实用新型专利 16 项，软件著作权 7 项等；曾参与嫦娥五号月壤结构探测仪雷达数据的准实时处理，为月壤钻取任务的顺利实施提供了重要信息支持。

低调做人，沉稳做事

春天，是充满生机的季节，也是追逐梦想的季节，对于刘海教授来说还是一个忙碌的季节。采访前，记者透过门缝看到，刘海教授的办公桌上放置了两台电脑，他的眼神和思绪都专注在屏幕上，让记者不忍上前打扰。

除了主持多个科研项目，刘海教授还有行政职务，虽承担各项烦琐的事务但能有条不紊地开展，他是怎么做到的呢？"时间都是挤出来的，要圆满完成工作，就要用好时间的'边角料'。"刘海告诉记者，"平时都在晚上 11 点后离开办公室，周末才能回一次家，大部分精力都投在科研上了。"

丰硕科研成果的背后，是科研人员辛勤的付出。记者采访时留意到，尽管刘海教授没有过多形容自己如何忙碌，但从放在办公桌后面的，或许来不及收起的折叠床上，我们就能想象到，忙碌是他生活的常态。"希望自己低调做人、沉稳做事，而不是过度表现自己。"身着简易黑夹克的他，讲起了嫦娥五号月壤结构探测仪雷达数据处理和成像算法的技术难题与应用成果。

怀报国初心，铸国之重器

北京时间 2020 年 12 月 1 日 23 点 13 分，嫦娥五号探测器成功在月球正面

刘海老师（右）与嫦娥五号月壤结构探测仪总设计师、中国科学院空天信息创新研究院周斌研究员在任务完成后合影留念

预选着陆区着陆。12月2日0时49分，着陆器搭载的重要科学荷载月壤结构探测仪（月壤结构成像雷达）在月表开机工作，约1小时后雷达获取的探测数据传到北京航天指挥控制中心。

"当时嫦娥五号月壤结构探测仪的成像算法的确是个很大的难题，因为嫦娥五号的雷达体制和之前的嫦娥三号、嫦娥四号都不一样。以前的雷达天线搭载在玉兔巡视器上，是地耦的，数据质量高，可通过移动合成雷达孔径实现地下结构的高精度成像。"刘海进一步解释，"但嫦娥五号探地雷达安装在着陆器顶板下方，是不能移动的，而且天线离地高度有90厘米，是空气耦合天线，受着陆器杂波干扰非常严重。"

入职广州大学后，刘海教授一直在参与嫦娥五号月壤结构探测仪雷达数据处理和成像算法的研究工作，最终提出了基于并矢格林函数的频域逆时偏移成像算法，在北京航天中心对来自月表的嫦娥五号月壤结构探测仪实测数据进行了准实时处理，获取了钻头下方2米深度范围内的月壤结构和月岩分布高精度成像结果，并提交给指挥中心，指导了月壤钻取任务的顺利实施。

身为人师，诲人不倦

在繁忙的科研工作外，刘海教授还有很多教学任务。"即便我已任教六年，课本的知识对我来说没有问题，但每次上课前我都会把课件过一遍，尽可能给同学们传授好知识。"他还经常将思政元素融入课堂，使专业课程与思政课程同向同行，助力构建思政育人新体系。

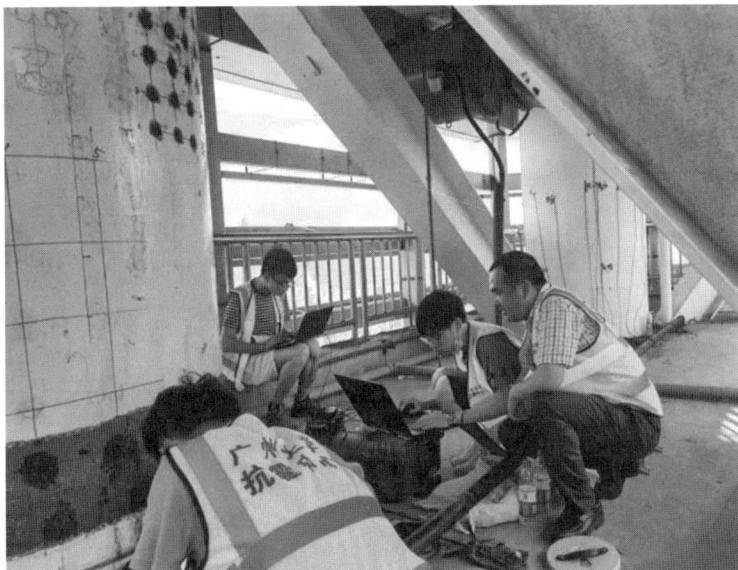

刘海老师带领学生在赛格大厦做钢管混凝土的脱粘缺陷检测

"每次上开学第一课时，我都会花几分钟和同学们分享我的经历。如今我们国家强大了，机会更多，无论是出国留学、访学机会，还是各种经费资助、奖学金激励，都很充足。我想以微薄之力，立足三尺讲台，鼓励年轻人有机会也出去看看，有兴趣的也走上科研这条路。"刘海教授一席真诚话语，道出了一名师者的初心。

刘海教授一直坚持每周给研究生开一次组会，所有人都要汇报实验进展。"我非常喜欢和我的研究生交流，特别注重对他们科研能力的培养。"在刘海教授看来，导师要承担好研究生培养的第一责任，以精益求精的态度、只争朝夕的干劲推动研究生教育迈上新台阶。"研究生论文的修改是一个漫长的过程，但是这种反复多次的打磨，可以使学生快速成长，且保障了论文的质量。每当论文被高水平期刊接收，以及研究生答辩顺利通过时，作为导师我也深深感受到收获的幸福。"刘海教授如是说。

追风赶月莫停留，平芜尽处是春山。行于路上，刘海教授知重负重，以迎难而上的勇毅战胜一个个挑战、取得一项项成就。这一场马拉松，与其跑得快，不如跑得久。越过平芜险壑，我们坚信刘海教授的路途尽处便是成功之"春山"。

（供稿：科研院）

吴杨老师：坚贞立志，青春献科研

吴杨教授，2010 年、2013 年先后从广岛大学获得硕士、博士学位；2015 年获得日本学术振兴会（JSPS）外国人特别研究员称号（当批次土木建筑领域唯一）；2017 年 12 月进入广州大学工作，现任地下系系主任；主持国家自然科学基金 4 项，"十四五"重点研发计划项目子课题 1 项；担任海洋岩土领域 SCI 期刊 *MGG* 编委，2021 年获得 *International Journal of Geomechanics – ASCE* 期刊 Editor's Choice 奖，2022 年获得国家自然科学基金优秀青年科学基金资助。

瞄准国家战略需求，下好"先手棋"

虽然没有在华南地区的学习经历，但广州大学土木学科在全国范围内的悠久历史和学科声望，还是让在日本学习和工作了近 10 年的吴杨毫不犹豫地选择加入广州大学。他结合学科优势，瞄准国家重大需求展开学科交叉研究工作。

入职广州大学后，吴杨结合自己前期研究经历，及时调整研究方向，与国家重大战略需求对接，与广州面向南海的区位优势对接，与学校土木学科减震防灾特色对接，确定了朝"海洋岩土地质灾害"方向开展研究工作。

好走的都是下坡路，不好走的都是登山路

入职广州大学后调整研究方向困难吗？"好走的都是下坡路，不好走的都是登山路，调整的过程中肯定是有困难的。"吴杨告诉记者，"学校勇做防震减灾领域'领跑者'，在更高的台阶上开展工作，确立更加清晰、长远的研究目标，是好事情。"

确立了明确的研究方向后，吴杨围绕特殊海洋沉积物工程特性宏微观关联机制这一难题开展系统性研究工作。该工作涉及岩土工程、海洋工程、地质工程和能源工程等多个学科领域的深入交叉。入校 5 年来，在广州大学高水平建设的东风下，吴杨先后获批国家自然科学基金 4 项，并于 2022 年获批国家自然科学基金优秀青年科学基金"岛礁岩土工程"项目。

走到工程中，识别真问题

行是知之始，知是行之成。入校工作期间，吴杨还作为唯一项目助理参加了周福霖院士主持的中国工程院重点咨询项目，协助周院士负责整个项目的推进和协调工作。2 年内，他先后 4 次前往西藏开展地质灾害调研工作，积累了

周福霖院士与吴杨老师前往西藏开展地质灾害调研

大量一手地质灾害资料。在调研工作中，他深刻体会到只有前往现场才能更加深入地了解重大工程中的典型难题。

"由于西藏地区复杂的地势地貌，当地地质灾害的规模、地质地貌条件的复杂性和工作环境、工作场景都是难以想象的。"吴杨说，"我们到现场就要恪守工程师的职责——走到工程中，识别真问题，再返回实验室，在这个正循环中不断开创新的研究方法，用产生的新成果来指导实践。"

永葆科研初心，不负国家重任

说到做科研的心得，吴杨说："我虽然科研道路、职业道路的规划与现实有偏差，但在工作中保持对科研的初心和热爱，是驱使我做科研的源动力。"

他结合自己回国后的经历说："一定要有强烈的责任感，以更多科研成果来回馈国家、广东省、广州市等科研基金的资助，才能不负重任，实现人生价值。"

吴杨认为，科研人员和教师两种身份的切换让工作更加充实。与工作伙伴及同学们设定一个目标，遇到困难时共同思考、解决，最终"和你工作的伙伴收获解决难题的快乐"。"这个过程值得珍惜！"

路虽远，行则将至；事虽难，做则必成。科研路上，吴杨教授将小我融入大我，留下无悔的奋斗足迹。匠心传承，吴杨教授将继续向海洋岩土工程这一交叉领域发起挑战，把科研成果谱写在祖国的大地上。

吴杨老师带领研究生开展试验

（供稿：科研院）

芦思佳老师：团队携手同往，走好奋"豆"之路

芦思佳教授，2017年6月进入广州大学工作，先后主持国家自然科学基金优秀青年科学基金项目、科技部"十四五"重点研发青年科学家项目等。研究成果在 *Nature Genetics*、*PNAS* 和 *Nature Communications* 等国际学术期刊发表。2021年获得"王连铮大豆青年科技奖"。

潜心耕耘，忠于责任

大豆是一种重要的粮油作物，是人类和畜牧业优质蛋白的主要来源。然而，我国大豆产量相对有限，长期高度依赖进口，这已经成为威胁国家粮食安全的一个重要问题。光周期调控生育期是影响大豆产量的主要因素之一。为进一步提高我国大豆自给率，在刘宝辉和孔凡江教授的带领下，芦思佳围绕大豆光周期调控生育期开展了系统研究，完善了大豆光周期调控网络，为高产分子育种提供了理论支撑。刘宝辉教授团队的相关研究成果获得2022年度教育部高等学校科学研究优秀成果奖自然科学奖一等奖。

"我们在研究的过程中，发现豆科存在特异的光周期调控途径，明确了大豆光周期调控的核心元件，并用分子证据表明早花早熟是作物驯化的核心性状。这些研究成果，在教科书中是没有的。随着科学研究的深入，每个学科都不断地产生新的理论，将这些新理论带入课堂，不仅有利于扩大学生的知识面，也可以激发学生科研创新潜力，这也是科研的重要价值之一。"芦思佳说。

点点星火，汇聚成炬

芦思佳是广州大学分子遗传与进化创新研究中心的一员。她说，分子遗传与进化创新研究中心是一个注重团结协作的团队。"虽然涉及植物分子遗传学、植物表观遗传学、植物发育生物学和作物分子设计育种等 4 个研究方向，不同方向看似独立，但不同方向都以大豆为材料，彼此间在资源、技术和理论上相互支撑。此外，中心还有众多博士后、研究生与我们一起开展科研攻关。"正所谓独木不成林，这个相惜相依的团队聚众智、汇众力，走出一条广阔的奋"豆"之路。

"我本不是农学或遗传学出身。但是当我找到孔凡江老师，表明我想读博士的时候，他说，只要你有热情，喜爱科研，肯吃苦，那么很多问题都可以克服。从读博士开始，我已经和这个团队共同度过了 12 年时光了。我们的团队一直如同广州这座城市一样，具有极强的开放性和包容性。我们团队欢迎新生力量的加入，并给予最大的支持，这不仅会给团队注入新鲜血液，也更有利于彼此快速成长。"芦思佳说。

芦思佳老师在第八届植物生物学女科学家学术交流会上发言

展望未来，有太多的发展方向值得期待。芦思佳告诉记者，作为一名大豆科研人员，希望有朝一日，她所在的团队可以成为世界一流的大豆科研团队。他们将向着这个目标，不断研究探索，为推动大豆产业的发展作出更多的贡献。

余味苦涩，终有回甘

芦思佳所在的团队无时无刻不在与时间赛跑。"在相关结果已被其他团队多次发表的情况下，团队成员相互鼓励，相互打气，坚持完成了相关的研究，最终研究论文成功被 *Nature Genetics* 接收。"说到这，芦思佳语气中难掩兴奋。"每一篇文章，都是团队众多成员共同努力的结果。"

正说着，芦思佳与记者讲起了田间的故事。"我们五一要去种豆子，七八月份去田间调查表型，等到十月份还要去田间考种和收获，一个生长季节就这样结束了。到了冬天可能还需要南繁。"用她的话说，平日几乎没有假期，只有过年才会休息几天。

芦思佳老师在田间进行大豆表型调查

扎紧"粮袋"，端稳"饭碗"

种子是农业的"芯片"，培育良种是推进我国农业现代化的重要基础。这些年，广州大学分子遗传与进化创新研究中心始终围绕国家食品安全和生态安全的重大战略需求，刻苦攻关，着力为保障国家粮食安全作贡献。他们以科技为犁。"刘宝辉老师不断改良大豆品种，将科研成果应用于农业生产，这对于促进大豆增产、农民增收具有重要意义。"芦思佳说。同时，她也希望用自己的科研成果为大豆品种改良和产量提升出一分力，守护好中国粮，让中国人的饭碗牢牢端在自己手里。

谈起今后的规划，芦思佳说，株型是大豆产量的一个影响因素，未来她会以株型研究为主，进一步促进理论与产出的结合，让理论成果能够落地，让科研成果走向田间地头。

志之所趋，无远弗届；穷山距海，不能限也。广州大学分子遗传与进化创新研究中心踔厉奋发的研究目标是将实验室的理论成果应用于田间，培育优良大豆品种，实现大豆的高产、稳产和优产。我们坚信，有朝一日，我国定会实现"日暮平原风过处，菜花香杂豆花香"的无边盛景。

（供稿：科研院）

谢治菊老师：踏过的每一寸乡土都饱含温度与信仰

谢治菊，全国民族教育专家委员会委员、全国乡村振兴考核评估专家、广东省乡村振兴研究院院长、广东省乡村振兴智库联合会（筹）会长、广州市乡村振兴研究会会长、广州大学公共管理学院教授、博士生导师。国家社科基金重大项目"防止规模性返贫的监测机制与帮扶路径研究"首席专家，多次受邀带队参加全国东西部协作、中央定点帮扶与乡村振兴示范县考核评估工作，在乡村治理理论与实践、扶贫减贫政策与评估、结对帮扶经验与考核等方面取得了一系列突出成果。先后获教育部"新世纪优秀人才"、贵州省黔灵学者、贵州省省管专家、广州市优秀专家等 10 余项荣誉称号，主持国家级、省部级项目 19 项，在 CSSCI 期刊上发表学术论文 80 篇，出版学术专著 9 部，成果获省部级奖励 15 次，被教育部采用和省级领导批示 24 次。

人间万事皆艰辛，这粒种子源于"贫困"

谢治菊出生于重庆合川一个贫困家庭，从小靠父亲当矿工、收废品和做"棒棒军"养大，成长之路充满荆棘与坎坷。"因为交不起学杂费，小学一、二年级我都是每天割完猪草、砍完柴后再到村小教室外面蹭课听。"直到六年级，谢治菊才转到乡里的完全小学上学，后以全区第一名的优异成绩考入县城新办的合阳中学。初中毕业后，她放弃中师生的身份进入合川第二中学，终以全校文科状元的成绩考入重庆大学，开启了新的人生历程。

"进入大学后，我第一次系统了解到扶贫、减贫、脱贫等概念，也才清楚这可以成为一个专业的研究方向。"谢治菊说。也正是从那时起，谢治菊下定决心结合自己的成长经历，把"贫困治理与乡村振兴"作为自己的事业旨趣，希望能为像她父母一样"日不出而作，日落而不息"的中国农民寻找摆脱贫困的答案。

一枝一叶总关情，这粒种子长于"大爱"

"破解贫困"这粒种子在谢治菊心中埋藏已久。"我想我的成长经历就是这粒种子慢慢发芽、生长的过程。"谢治菊说，从小学到大学，她一直是在好心人与学校奖学金的资助下完成学业，高中时学校每个月还为她提供 30 元的生活费。大学毕业时她拿到了 10 份体制内的工作邀请。经过在北京的短暂停留与淬炼，她赴贵州民族大学做了一名老师。其间，她在贵州大学、南京大学完成了硕士、博士、博士后的学习，并在英国爱丁堡大学做高级研究学者。

"我是生于贫困长于贫困又惠于贫困。"艰苦的努力锻造了谢治菊坚韧不拔、自强自立、踏实勤奋、努力向上的优秀品质。"这真是让我受益一生！"谢治菊感慨道。"因为有这样的成长经历，我常怀对社会的感恩之心、对老师的感激之情，不忘村庄的养育之泽，对底层人群向上流动的挣扎之举，我更感同身受。"

调研足迹遍全国，这粒种子熟于"田野"

党的十八大以来，在以习近平同志为核心的党中央坚强领导下，全党全国人民勠力同心，经过 8 年持续奋斗，2020 年底新时代脱贫攻坚任务如期全面完成。这也改变了贵州很多人世代贫困的宿命。在彪炳史册、波澜壮阔的减贫治理实践中，就有谢治菊及其团队的一抹身影。

"2004—2006 年我曾参与关于边远贫困山区集中资源办学的研究。因为交通闭塞，当时求学的孩子天不亮就要点着火把翻山越岭去上学，中午只能吃已经凉了的烤土豆或小饭团，下午又要打着火把回家。"对谢治菊来说，当时的情景，至今仍历历在目。"后来我们对此提出的政策建议，得到了教育部的重视，2008 年国家就恢复了一些边远贫困山区教学点。"2012 年，谢治菊团队又针对调研中发现的低龄学生寄宿问题向相关政府提出建议，并得到采纳。

在脱贫攻坚阶段与乡村振兴阶段，谢治菊更是带领团队对贵州减贫中的一些典型案例，如"三变"改革、塘约经验、易地扶贫搬迁模式、大数据贫困治理等进行了系统调研与研究，由此形成的学术成果在学界产生了良好反响。可以说，在贵州工作的 17 年，谢治菊团队的足迹遍布贵州省 9 个市（州、区）88 个县中的大部分村庄。他们细致地了解每个县脱贫减贫的情况，他们的各项研究对于贵州历史性地撕掉多年来的绝对贫困标签、分类分级推进乡村振兴、实现从总体小康到全面小康的历史性转变具有极大的推动力。

谢治菊老师在云南怒江州考核评估

"2013 年国家提出开展精准扶贫以来，我们的研究受到了极大的关注，并逐渐成为时代显学。"谢治菊说。尤其是 2021 年国家调整结对帮扶关系，广东省全域帮扶贵州省后，贵州省发生了日新月异、翻天覆地的变化，"最明显的是农业更强、农民更富、农村更兴，这更加坚定我将毕生奉献给减贫事业的信心。"讲到这，谢治菊脸上浮现灿烂的笑容。

谢治菊坦言，2018 年调来广州大学后，她的团队很快得到国家乡村振兴局与广东省乡村振兴局的重视，多次参与全国和省里的考核评估工作，这更加坚定了她进一步将团队做大做强的决心。她戏称自己是东西部协作的产物，"我曾经在贵州的学校受到广东的帮扶，现在过来反哺广东。"多年来，谢治菊及其团队成员在全国 15 个省（区/市）80 多个县 200 多个村庄进行了田野调研，行程 10 多万公里，参与的学生有 800 多人次，深度访谈了政府人员、企业代表、帮扶干部、受益群众等 1200 多人，真正践行了"行田间地头，走街头巷尾，躬身为人民做学问，把论文写到大地上"的诺言。

重任千钧再出发，这粒种子传于"盛世"

党的二十大报告提出，全面建设社会主义现代化国家，最艰巨最繁重的任务仍然在农村；坚持农业农村优先发展，坚持城乡融合发展，畅通城乡要素流动；加快建设农业强国，扎实推动乡村产业、人才、文化、生态、组织振兴。

师表撷影

如何理解乡村振兴？"产业振兴是龙头，人才振兴是核心。"谢治菊告诉记者，她将人才细致地分为三类，即在地人才、返乡人才、潜在人才。"这三类人才中最缺的是管理人才、运营人才与领军人才。"

人才的培养进一步促进了团队的成长。2018 年以来，谢治菊带领广州大学乡村振兴研究团队为政府及相关职能部门开展咨询服务 100 多次，在"理论研究、人才培养、咨政建议、社会服务"方面取得了显著成效，被《人民日报》、学习强国、《中国青年报》、《中国教育报》、《中国社会科学报》等主流媒体报道 200 余次。

回首过往，谢治菊团队的贡献在于：一是将认知科学理论应用于贫困治理、乡村振兴领域，在国内率先系统研究认知科学与贫困治理；二是将区块链技术应用于贫困治理领域，在国内较早系统研究区块链与贫困治理；三是将差等正义理论应用于贫困治理、乡村振兴领域，在国内率先系统研究差等正义理论；四是构建中国特色结对治理体系，在国内较早系统研究结对帮扶助力乡村振兴；五是系统开发扶贫资源进校园、进教材、进课堂、进书本，在国内率先提出扶贫资源"科研育人、实践育人、课程育人、活动育人、精神育人"五大育人体系。

展望未来，作为身处华南、心系家国的一支重要研究力量，"我们始终秉持新时代理论工作者的责任、使命与担当，所以先后发起成立广州市乡村振兴研究会、广东省乡村振兴智库联盟联合会"，力图在伟大时代构建独具中国特色的乡村振兴高质量研究体系，在中国式现代化国家新征程中助推农业强国与共同富裕的实现。

（供稿：科研院）

董长宇老师：深耕密码学，筑牢数据安全"防火墙"

董长宇，2009 年博士毕业于英国帝国理工学院，曾在英国思克莱德大学、纽卡斯尔大学任教职，并任英国国家数据科学和人工智能研究院艾伦·图灵研究员（Alan Turing Institute Turing Fellow）。针对密码学和数据安全问题，他提出实用高效的安全多方计算协议，首次将百万量级 PSI 的计算时间由数十小时降到分钟级。2021 年入选国家级海外高层次人才引进计划，回国加入广州大学，目前担任人工智能与区块链研究院副院长，教授、博士生导师。主持多项英国工程和物理科学研究委员会、中国国家自然科学基金资助项目。在相关研究领域发表高水平论文 50 余篇，包括安全界顶级会议 ACM CCS、USENIX Security等。担任过欧盟多个国家基金项目评审专家及多个国际学术会议程序委员会主席。

厚积而薄发，矢志报国心

董长宇本科学习微生物工程，但对计算机有浓厚兴趣，毕业后选择了网络工程师的工作。在实际工作中，董长宇逐渐体会到了信息安全的重要性。工作几年后，他带着对信息安全的热爱，来到英国帝国理工学院深造并参与导师的研究项目，最终获得博士学位，慢慢走上了学术道路。他热爱学术界的自由："学术界可以包容一些比较奇怪的想法，发挥自己的创造力。"

毕业后，董长宇很快在英国找到了教职。十几年间，他从单枪匹马到组建自己的团队，主持了数个国家级的项目，在学术圈闯出了自己的一方天地。

随着与国内同行合作的加深，董长宇了解到国内对于信息安全的重视，以及学术研究的迅速发展。因此，在入选国家级海外高层次人才引进计划后，他很快就做了回国的决定。他坚定地说，回国是自己一直在等的一个机会。

密码学是维护国家安全的重要领域，开展相关研究是顺应国家和时代发展的需求。随着我国对科研投入的不断增加，科研条件逐步与国际接轨，科研水平也不断提升。在此背景下，科研工作者更应该怀有科技报国的使命感，为国家作出贡献。董长宇坦言："我们不必担心科研资源的问题，重要的是以实际行动践行科技报国的使命。"

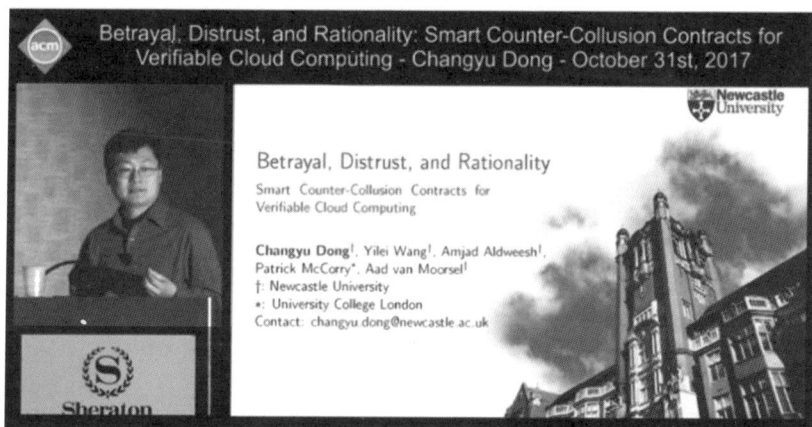

董长宇老师在国际顶级会议 ACM CCS 做报告

潜心克难题，聚焦最前沿

董长宇告诉记者，目前学界对人工智能的安全认知仍不深入，很多时候只考虑了人工智能能不能用、好不好用，却没有考虑它会不会被攻击或误导。"人工智能安全的一个难点是有很多科学问题难以用理论解释。我们需要在基础理论研究上下功夫，只有把基础理论真正地搞通了，才能有一个比较完美的答案。"

同时，"安全容不得半点马虎"。做研究，只提出方案是不够的，还需要对方案的安全性进行严格的证明。董长宇说："有一个证明，我们花了大概半年的时间。一开始觉得证明方法和过程没有问题，但是后来检查时发现有一些小的瑕疵，不得不全部推倒重来。"董长宇认为，每一次重新证明并不等于从头开始，而是加深了对科学问题的理解。"只要目标坚定、细心认真，从失败中吸取教训，这些困难都是可以克服的。"

安全多方计算是董长宇研究多年的一个领域。通俗地说，安全多方计算能够使我们在看不到数据的前提下对数据进行计算，在不泄漏原始数据的前提下充分挖掘数据价值。但安全多方计算在实际应用中有一个主要问题——效率不高。2013 年，董长宇提出了 Garbled Bloom Filter 这一数据结构，并尝试根据数据结构设计高效 PSI（隐私集合求交）协议。这一设计首次将百万量级 PSI 的计算时间由数十小时降到分钟级，并启发了后续一系列工作。在此基础上，经过多个国家的科学家不断努力，通过围绕数据结构设计协议，百万量级 PSI 的计算时间已经可以降到秒级。

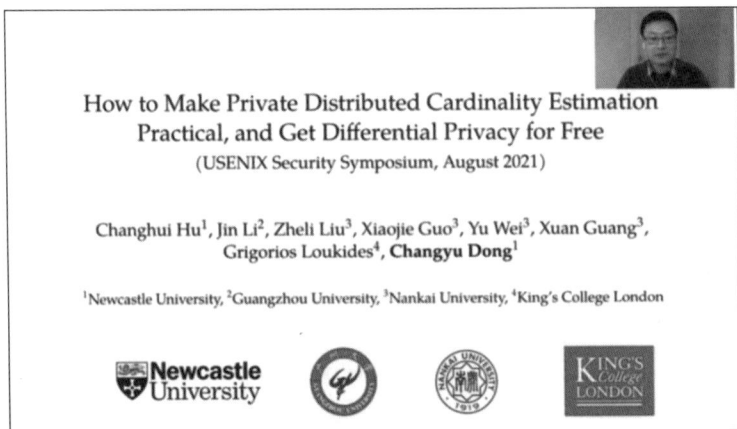

How to Make Private Distributed Cardinality Estimation Practical, and Get Differential Privacy for Free
(USENIX Security Symposium, August 2021)

Changhui Hu[1], Jin Li[2], Zheli Liu[3], Xiaojie Guo[3], Yu Wei[3], Xuan Guang[3], Grigorios Loukides[4], **Changyu Dong**[1]

[1]Newcastle University, [2]Guangzhou University, [3]Nankai University, [4]King's College London

Newcastle University

董长宇老师在国际顶级会议 USENIX Security 做报告

科学创新日新月异，董长宇密切关注领域内的前沿进展。他表示，大数据安全隐私计算领域机遇与挑战并存。因此，前瞻性思维不可或缺，要紧跟科技发展步伐，不断激发科技创新活力。"当前很多隐私保护技术是基于密码学的，而未来量子计算机的出现可能会引起这一领域整体的变化。密码学的研究逐渐转向后量子密码，这已经是我们工作的重点。"董长宇向记者解释，传统技术手段往往跟不上人工智能发展的速度，所以用人工智能来对付人工智能的安全问题也可能是今后的一个方向。

尽管有着丰富的科研经历，董长宇始终保持清醒："我们的科研目前还处于培育、成长的阶段，希望未来能够和企业界保持沟通对话，在他们提出的问题上寻找科研与产业的结合点，让更多的普惠性成果落地。"

交流中共进，碰撞中成长

"学生从无到有的成长，是我教学科研工作中最欣慰的事情。"董长宇表示，学生从做研究不熟练，到拥有独立研究的能力，最后能够发表出好的文章、做出科研成果，就是他最大的成就，"看到学生取得进步，比自己成功更高兴"。

日常教学中，董长宇鼓励学生自由探索，让学生畅所欲言。"我们讨论问题就像是在'吵架'，大家都争相发表自己的观点，而不是被常理束缚。"学生在主动探究交流中将各方面的知识融会贯通，实现知识活化，这也让董长宇的课堂充满新意和活力。

董长宇老师与学生在讨论

师表撷影

董长宇寄语青年科研工作者："做科研源于热爱，必将成于热爱。"同时，"甘于坐冷板凳，勇于啃硬骨头"也是青年科研工作者必不可少的品质。"我觉得一项高水平科研成果比 10 个、100 个一般的成果更重要。"董长宇说。"三人行，必有我师焉。"他建言："经常与学术同行交流，有助于拓展思考问题的维度，这其实是碰撞思想火花的过程。"

躬身治学无遗力，兴适科研趣独穷。董长宇因兴趣与科研投缘，从此便沿着攀登科学高峰的路不断前行。信息安全、人工智能、密码学研究……他一直走在科技最前沿，在未知中跋涉，在厚积中开拓。

扬帆远航，以高质量发展定向把舵；步履铿锵，以迎难而上的勇气行稳致远。希望更多的科研工作者能够瞄准科技前沿，明确心之所向，立足实践，顺应国家需求进行科研攻坚，奋力谱写学校高质量发展和一流创新型大学建设新篇章。

（供稿：科研院）

刘兆清老师：匠心如初，"碳"寻下一个十年

刘兆清，广州大学"广州学者"A 类特聘教授、羊城学者，"岭南英杰工程"后备人才，广州市高层次人才—优秀专家，中国化学会会员。在电催化剂的简易可控制备、结构组成、电子态优化及催化机理解析、能源存储与转换器件的设计与功能化调控等方面取得了若干创新成果。承担国家自然科学基金、省自然科学基金以及省科技计划等项目 24 项，以第一作者或通讯作者发表 SCI 论文 142 篇，影响因子 10.0 以上论文 45 篇，其中 28 篇入选 1% ESI Highly Cited 论文，1 篇入选 2019 年度全国百篇最具影响力国际学术论文。入选科睿唯安全球高被引科学家（2021 年和 2022 年）；荣获 2021 年广东省自然科学二等奖。

深耕不辍，静待花开

2012 年博士毕业后，刘兆清开始从事清洁能源材料方面的应用基础研究，特别是尖晶石能源材料研究，这与他在博士期间从事的光电催化研究工作完全不同。用他的话说，做科研要学会"断奶"，开创新的研究方向，大胆探索未知领域。他向记者解释："一开始并没有想要把尖晶石做到什么程度，只是告诉自己铆足劲做下去，2013 年到 2016 年有了一些阶段性的成果。当这些成果

被南开大学的一位院士引入顶刊综述后，我更加坚定决心深耕尖晶石方面的研究。"然而挑战接踵而至。因为条件所限，研究伊始，刘兆清只能在自己实验室里做些简单的性能和表征测试，"四处奔走寻求同行的支援早已是工作常态"。

十年磨剑终成锋。2013 年至 2023 年，在经过了无数个灯火通明的深夜后，刘兆清逐渐形成了自己的科研方向和体系，为自己打上"尖晶石"的鲜明标签。针对尖晶石电催化材料在电化学能源存储与转换中表面传荷/传质阻抗较高、活性位利用率较低的问题，刘兆清取得了若干创新成果：一是揭示尖晶石基复合电催化剂在可逆氧催化过程中的活化机制，实现电催化活性位的微观组成及电子结构调控，提高尖晶石氧化物的氧电催化性能；二是实现尖晶石诱导自催化杂原子掺杂碳材料的可控合成，提出尖晶石负载型单原子催化剂合成新策略；三是拓展尖晶石基电催化剂/电极材料在新能源存储与转换器件中的应用，实现电极材料的功能化调控与器件优化，发展了表面刻蚀技术活化电极载体，构建了液流式锌空气电池系统，减缓了锌负极枝晶形成、形状改变和钝化的问题。

"尖晶石的研究我一定会继续做下去，不断创新，不断突破。"刘兆清说。

刘兆清老师参观"不忘初心　牢记使命"主题教育档案文献展

助力"双碳"，责无旁贷

"十四五"规划和2035年远景目标纲要提出"推进能源革命，建设清洁低碳、安全高效的能源体系，加快发展非化石能源"。当前，尖晶石负载单原子催化剂精准可控合成，析氧电催化过程机理调控，氧还原活性位电子结构调控等创新性成果解决了电催化剂合成与应用的技术难题，开辟了一条推动能源转换与存储领域快速发展的新通道。"尖晶石材料最终就是要服务清洁能源的。除此以外，我们要发展一些廉价且储量丰富的清洁能源材料，尽早实现商业化运用。"刘兆清认为，如何以国家重大战略需求为导向，结合自身研究特点，找准背后的关键问题并开展深入研究工作是每个科研工作者都要深入思考的重要课题。

党的二十大报告提出要"积极稳妥推进碳达峰碳中和"。"双碳"目标任务艰巨，发挥科技创新优势助力"双碳"进程成为必选项。刘兆清说，"双碳"目标驱动下，他和团队将紧紧围绕国家重大战略需求，把清洁能源材料研究做大做强，为社会和生态带来长远效益。"为我国能源事业实现高质量跨越式发展目标贡献力量，我们责无旁贷，将始终坚持在奋斗的路上。"

亦师亦友，守正创新

"做科研有什么秘诀？"记者问他。刘兆清瞬时为记者写下一句话——知常明变者赢，守正创新者进。这一句话是他17年来一直秉承的理念，更是对他人生、科研经历的高度概括。在刘兆清看来，坚守基本的科学原则是最重要的，一是一二是二，来不得半点虚假。"走正道、行正事、做正人。"刘兆清说："做科研首先是做人，做人比做事更重要。我从不相信投机取巧能走得长远，也从来不允许自己有任何侥幸心理。"这同样体现在他对学生的培养上。

在与学生的相处中，他既对学生严格要求，又关心学生的衣食住行，陪伴、见证他们的成长。正是有这种亦师亦友的关系，刘兆清带领学生们脚踏实地走好每一步，攻克一个又一个难题。近8年来，刘兆清一直坚持担任本科生班级的班主任，开展"人心向学""精小创新"等系列教育活动，指导本科生参加"挑战杯"竞赛并获得全国一等奖2项。"我支持学生自由发挥，给他们足够的空间去探索，因为未来始终是属于他们的。"

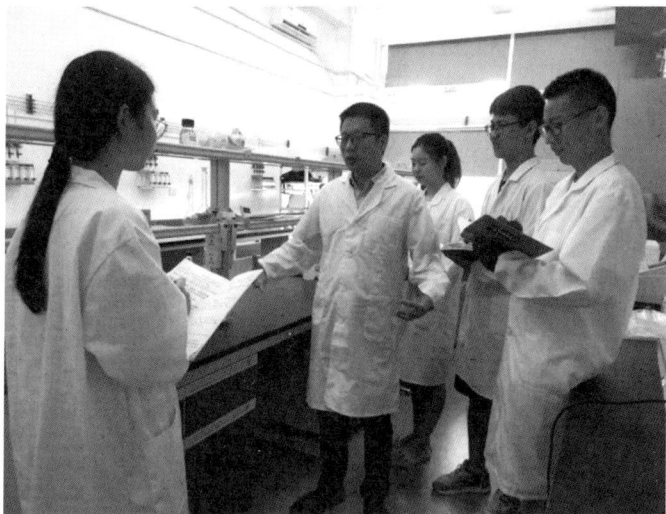

刘兆清老师在实验室与学生交流

"前辈的指点帮助和团队的团结协作是支持我走到今天的重要力量，我要把这种精神传承下去。"回顾自己的科研生涯，刘兆清总结道。他笑着说："欢迎青年学子加入我们电化学的大家庭，用我们的知识与一腔热诚服务大家，奉献社会，相信你能在这里找到你的归属感！"

倾力治学探前路，遍观其奥志无穷。刘兆清用自己的青春与热忱，探索着未知的领域；用匠心修成了一条通向奥秘的路，让尖晶石能源材料研究天堑变通途。我们相信，沿着这条愈发宽广的道路，成功不再遥远，未来更加光明。

（供稿：科研院）

姚睿老师：光影雕刻中国故事，逸笔写就艺术诗篇

姚睿，编剧、导演，广州大学"百人计划"特聘教授、"广州学者"特聘教授、粤港澳大湾区影视创作研究院院长；获国家高层次人才特殊支持计划青年拔尖人才、广东省青年珠江学者、广州市青年文化英才与广东省新世纪之星等人才称号。姚睿致力于中国电影研究、影视声音研究与类型影视剧作（叙事）研究。围绕该领域，他主持国家社会科学基金艺术学项目3项、国家艺术基金项目1项、省部级项目4项；出版专著、编著9部；发表论文百余篇；学术成果先后获北京市哲学社会科学优秀成果奖二等奖、全国广播影视学术论文一等奖、中国高等院校影视学会论文类一等奖等多个影视传媒领域的重要学

术奖项。姚睿为中国影视学科的发展作出了积极的贡献，为广州大学影视学科的建设发挥了重要作用。

朝乾夕惕，在专业领域做到极致

对于一名青年学者来说，发表多篇高质量论文、主持多个高水平科研项目十分不易。面对这些成就，姚睿总结说："要尽早地发现自己擅长与感兴趣的研究领域和研究方向，在专业领域做到极致，作出独特贡献。"

操千曲而后晓声，观千剑而后识器。采访过程中，姚睿数次提到"积累"。他说，自己深耕类型电影叙事研究和影视声音研究就是不断积累的过程，在这个过程中，进一步凝练了研究方向，做到既有广度，又有深度。

姚睿老师作为专家出席并主持中美国际电影论坛

在《不可靠叙述者：谜题电影与心智游戏电影的叙事引擎》一文中，姚睿分别采用修辞叙事学派与认知叙事学派的理论路径，从隐含作者（Implied Author）的角度出发审视谜题电影中的不可靠叙述者，重点梳理了以人物叙述者形态出现的不可靠叙述者的类型、功能与特点，以及其在谜题电影中的实践形态与叙事机制。对姚睿来说，挖掘学界未广泛讨论的话题，以推动影视研究朝着更多元的方向发展，似乎已成为使命。

匠心独运，建立跨学科视野

如姚睿所言，处于艺术学领域的影视研究要充分借鉴社会学、传播学、文学、哲学等人文社科各专业的成果。因此，跨学科的视野和知识储备尤为重要。姚睿认为，学术研究中的跨学科问题意识十分重要，无论是发现问题、阐释问题还是解决问题，建立跨学科的视野"为我们提供了一个打开电影史或者电影理论研究的新的角度"。

"学术写作中，我最注重的是研究视角与方法论创新。"姚睿坦言，研究也是一项充满创造性的活动，并非古板地搬用一些概念和术语来完成书斋写作。学术研究与影视创作一样，充满脑洞大开的雀跃与迈向未知的挑战。"我也在持续学习其他领域的新知识和新方法，在这个过程中不断挑战自己，探索影视研究的可能性。"姚睿说。

姚睿梳理了可能世界叙事学的理论框架，继而考察国产时空循环剧的叙事机制与空间修辞，由此撰写了理论文章《"可能世界"与影视剧本体观念的拓展——从国产时空循环剧出发》，探讨了国产时空循环剧如何对媒介融合时代的剧集本体观念形成拓展。在跨学科视野与创造性的思考下，他将文学与哲学领域的经典理论"可能世界叙事学"引渡至影视艺术领域，为研究国产时空循环剧提供了全新视角。

姚睿亮眼的"成绩单"背后，是不骄不躁，是勤勉好学。积极进取的姚睿始终怀有初学者心态："我觉得还是要保持一颗年轻敏感的心，不断地向其他学者与学生们学习，了解最新的、最前沿的、最有趣的影视话题与文化现象。"

以研促教，产学研用一体化搭建

姚睿兼具编剧与导演创作者身份。他常常能够将自己的研究成果与创作经验转化为教学资源，进而传授给学生。"通过产学研用的一体化搭建，打通科研、教学、创作和社会实践之间的隔阂，让四者融会贯通"一直是姚睿所坚持的理念。

2022 年 7 月，在第二届全国高校教师教学创新大赛中，姚睿教授（团队）凭借课程"影视剧本创作"荣获地方高校正高组二等奖，实现了广州大学在国家级教师教学竞赛中的历史性突破。他建设的"影视剧本创作"课程被认定为第二批国家级一流本科课程，是广州大学新闻与传播学院首个国家级一流本科课程。此外，姚睿还获得了广东省第六届高校青年教师教学大赛一等奖和广东省高校教师教学创新大赛正高组特等奖等奖项。姚睿说："我们一定要以学生为本，找到'Z 世代'学生们所喜闻乐见的话题，根据学生的认知特点来

姚睿老师在第二届全国高校教师教学创新大赛国赛现场

设计教学方式和方法，注入跨学科知识，与当代对话，使科研与教学深度融合。"科研反哺教学，教学促进科研。正是他在影视研究领域的学术积淀促成了他的教学成果，而这些教学成果与教学思考又推动了他在类型影视剧作与叙事等研究领域上的学术深耕。

"要培养具有国际视野、中国情怀的影视国际传播人才，就需要鼓励学生与其他国家、其他院校的学生多进行沟通和交流，让学生提升眼界，在创作中把所学内容融会贯通，拍摄出具有国际视野的作品。"姚睿说，"当看到学生把知识转化为能力，创作出优秀的作品，又获得奖项肯定，我觉得是特别值得炫耀和自豪的事，因为学生的成就就是教师的成就。"

寻源当下，让世界了解中国电影

《"十四五"中国电影发展规划》提出，展望2035年，我国将建成电影强国，中国电影实现高质量发展，电影创作生产能力显著增强。当被问及如何实现中国电影高质量发展时，姚睿表示，中国电影要把握时代精神和当下观众的情感结构，以当代技术为驱动力实现高质量发展。

中国电影一直致力于通过影像与声音向观众更好地展现中国精神、中国价值、中国力量，向世界展示更加真实、立体、全面的中国。实现中国电影"走出去"，科研工作者要怎么做？"除了多参加国际重要的研讨会，在国际重

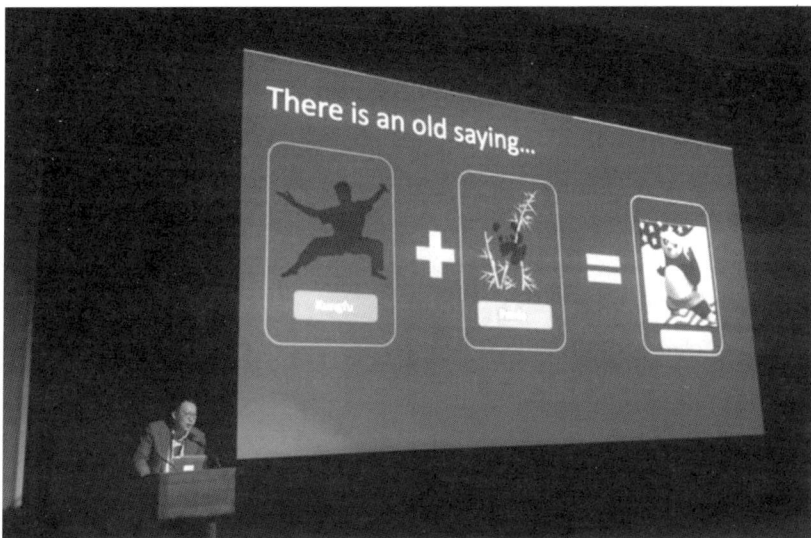

姚睿老师受邀在奥斯卡电影节学术年会致辞

要期刊上发表文章、出版专著外，还要多挖掘本土文化资源和影视话语。"2019 年 5 月 15—17 日，姚睿受邀参加美国奥斯卡电影节学术年会并发言，探索了中国电影改编叙事与剧作档案之间的多维互动关系，获得台下阵阵掌声。他的 PPT 展示也被纳入奥斯卡官方社交媒体 24 小时实时新闻之中滚动播出，为中国电影文化的海外影响力和国际传播起到了极大推动作用。在姚睿看来，让学术成果走出去，让更多的人了解中国电影，打造中国独特的文化名片是最值得追求的。

谈到长远规划，姚睿说："我会继续致力于推动中国的影视学术、创作与文化建设，为国家暨粤港澳大湾区培养更多的影视后备力量，讲好中国故事，传播中国声音。"这样的科研愿景，值得期待。

品味艺术百态，书写光影华章。作为当代影视理论工作者，姚睿将始终坚持守正创新，不断提炼新理念新方法，用更出色的学术研究成果回答时代课题，为新文科背景下的戏剧影视学科建设积极助力，书写影视学术研究的光影华章。

（供稿：科研院）

我们的大学

袁振杰老师：从书斋到田野，地理人一直在路上

袁振杰，副教授，现任地理科学与遥感学院副院长，于 2018 年从墨尔本大学当代中国研究中心取得哲学博士学位，并被澳大利亚社会科学院授予"澳大利亚优秀博士候选人"称号。主持各类科研项目共计 10 项，包括国家自然科学基金面上项目和广东省自然科学基金杰出青年项目等；在人文地理学及交叉领域共发表学术论文 50 余篇，包括 *Journal of Ethnic and Migration Studies*，*The China Quarterly*，*Political Geography* 和 *Journal of Rural Studies* 等学科知名期刊。

学科认同，科研工作的基础要素

开展科研工作的基础是建立对学科的认同感。袁振杰向记者解释："认同就是要热爱自己的学科，我始终把热爱自己的学科放在第一位。"袁振杰从初中开始便对地理学"情有独钟"，在高中也选择地理作为专业科目，大学专业选择中更是义无反顾地把第一志愿留给了地理学（人文地理与城乡规划）。谈起自己大学时的专业，袁振杰说："我们专业具有极强的包容性和韧性，发展后劲足。"

带着对大海山川、林草湖田的热爱，袁振杰投身于地理学，特别是人文地理学的研究，专注社会与文化地理学研究方向，在不同的社会情境下，仰观俯察当下世界、社会以及理论发展共性规律和个性特征，逐步学会宏观、中观、微观相结合的观察方法，养成独立思考的习惯。

袁振杰老师到内蒙古自治区呼伦贝尔市莫力达瓦达斡尔族
自治旗开展民族社区发展调研

发展迭代，科学研究的可持续性

"科学研究本身就是一个不断生长的生命体。"袁振杰表示，在科学研究中，需要不断地探索、实验、验证、总结、创新，才能持续推进自身科研的发展和迭代。袁振杰一直将科研视作一位陪伴者："科研也是一面镜子，怎么做科研，反映的是这个人的性格。我更愿意将科研看作我们的朋友。"他认为在科研中，每个人的工作都会因为自己的努力而不断地蜕变，而科研的成果也在这个过程中不断得到完善。

当前，袁振杰的研究方向为基础设施地理与地方发展，围绕"人—基础设施—地方"这一核心关系，从理论、方法和实证多方面探讨基础设施介入下的地方社会和文化地理过程及其中的多要素协商机制，以此揭示基础设施与地方互动的特征、过程与机制。

在此之前，袁振杰首先切入的领域是"民族和宗教地理学"。他通过考察西南乌蒙山区大花苗的民族实践以及其建构的文化传播空间，反映地方与全球之间的紧密互动。"正是这一研究让我意识到了社区公共空间是民族知识传递的重要场所，激发了我对'教育空间'的关注。"他说。

袁振杰老师带领学生到北江芦苞水闸调研并讲解周边社区发展

袁振杰硕士和博士研究期间，深耕"教育地理学"研究，跟踪式地对东部沿海内地新疆高中班开展调研，通过长时间扎根式深入校园田野，与各民族学生共学、共宿、共餐，书写了一个个新疆学生与内地教师的动人故事，通过揭示内高班学校如何被塑造成一个多民族文化空间，印证了内高班民族教育移民政策系成功典范，回应了西方部分学者对此的误解与偏见。"今年是我跟踪调研的第11年了。这几年我不仅看到了国家政策的实效性，也加深了对新疆的了解。"袁振杰感慨道。

进入广州大学后，特别是在"2＋5"平台蓬勃发展之时，袁振杰再一次思考如何把个人研究与学校科研发展的新要求、新趋势相结合，注重理论交叉、问题交叉、方法交叉、分析交叉，继而将"教育"这一研究对象向"多类型基础设施"拓展，不断延伸研究课题的发展性和生命力。

多维融合，科学研究的社会责任

袁振杰认为地理学是一门经世致用的学科，坚持理论与实践相结合，关注社会需求、用研究回馈社会是地理学家的学科责任。

袁振杰长期关注城市高质量发展问题，为政府提供高水平的政策咨询建议。他关注服务地方综合发展，主持和参加多维度的区域发展规划和战略决策研究三十余项，相关城市规划和基础设施更新的文化政治理论框架应用在广州、东莞、惠州等市的多个关键文化基础设施的改造更新计划中。"我们在规划的过程中，不追求'短平快'，而是要兼顾各方利益，彰显人文情怀。"袁振杰说。

袁振杰老师与地理科学与遥感学院师生合影

同时，袁振杰始终秉持重实践的立德树人理念。结合地方发展的需求，以突出社会服务为特色，强化学生发现问题和解决实际问题的能力，他曾带领本科生团队开展基础设施介入下的广东珠海淇澳岛海岛人地系统演进的调研，获得 2021 年全国地理研学方案设计大赛 & 地理研学社会调研大赛（社会调研类）全国一等奖。此外，他主讲的"中国地理"被认定为国家级一流本科课程。

初心依然，科学研究的变与不变

党的二十大报告指出，高质量发展是全面建设社会主义现代化国家的首要任务，实现高质量发展是中国式现代化的本质要求之一。袁振杰认为，作为学者，推动中国式现代化，第一要做好自己的研究，第二要借助更多发声渠道或平台刻画一个真实的中国。"我国建设社会主义现代化国家征程中能够摆脱一次次困难，基础设施扮演着很重要的角色。所以我未来会针对多元的基础设施，开展社会文化过程的研究。"袁振杰向记者表达他的研究期盼。

"田野、田野、田野……"这个词，袁振杰重复了无数次。他说，田野调查是人文地理学的学科之本，只有走入田野，接触真实的人和现象，才有更多新的研究想法。

"不变的还有我们的研究范式。"袁振杰并不讳言团队的独特和自信。"大部分的地理学都是定量的研究，而我们团队一直坚持做定性研究。"袁振杰说，在定性研究过程中，团队坚持研究微观个案，区别于地理学传统的宏观研究，在广州大学走出一条新路。

行之力则知愈进，知之深则行愈达。从山川走向河海、从书斋走到田野、在荒野中踏出新路，是地理学人的独有浪漫。站在世界百年未有之大变局中，面临国家可持续、高质量发展的大机遇，袁振杰将牢牢把握地理学的理性、专业与情怀，不仅做学术的探索者，同时做学术的守望者，不忘初心、继续前行。

（供稿：科研院）

张鹏老师：心路无疆，图数据解锁智能与安全

张鹏，网络空间安全学院教授，博士毕业于中国科学院研究生院，先后在中国科学院、阿里巴巴、美国得克萨斯州大学、澳大利亚悉尼科技大学等开展

研究工作。他主持了 3 项国家自然科学基金项目，发表高质量学术论文 150 多篇，提出的面向图数据的自动机器学习模型被评为人工智能国际顶级会议 IJ-CAI 2020 年度最有影响力论文，曾担任中国计算机学会青年通讯委员，担任中科院二区期刊 *Journal of Big Data* 编委，连续担任 KDD、ICML、NeurIPS、AAAI、IJCAI 等中国计算机学会 A 类大数据和人工智能会议的（高级）程序委员会成员。

青年之志，步入 AI 之旅

从中国科学院毕业后，张鹏并没有选择留在学术界，而是踏上了一条新的职业成长道路，他加入一线互联网企业，开始了新的征程。在那里，他担任人工智能算法设计和管理岗位。

在互联网企业工作期间，张鹏的研究成果得到了具体应用，为企业和社会创造了更实际的价值。其中，2016 年是他职业生涯的一个转折点。

当时，正值移动支付蓬勃发展，张鹏所在的互联网支付机构面临着支付领域欺诈和洗钱的精准审查难题。"过去的支付审查系统都是面向传统银行，系统吞吐量低、审查精度不够、运营成本高，无法满足新的移动支付时代下的海量交易审查。"张鹏说。

为此，张鹏针对行业普遍存在的痛点，一方面先后联系了美国硅谷和华尔街、以色列、英国、澳大利亚、新加坡、中国香港等地的相关科技公司了解先进经验；另一方面带领算法团队自主开发和设计了一套新的能够支持百亿级海量支付交易记录的人工智能审查模型，成功解决了移动支付行业的支付审查难题。

张鹏回忆道："移动支付时代的支付数据量是传统银行不可比拟的，当时国外最领先的产品比如 NICE Actimize 都无法解决国内百亿级海量支付交易下的反洗钱审查问题，除了自主研发，没有别的办法！"

关关难过关关过。经过一年多的攻坚克难，张鹏主导开发的这套基于人工智能的支付审查系统在国际上也是遥遥领先，与同时期的国外银行和科技公司所使用的产品相比，无论是系统的吞吐能力、精准率，还是运营效率，都登上了一个新的台阶，满足了新一代移动支付行业的审查需求，支撑了移动支付时代的高速发展。

此后，他还将取得的经验进行了业务迁移，并负责信用评估模型、直播反作弊模型的设计和开发，取得了 8 项人工智能风控模型专利，以通讯作者身份发表了大数据顶级会议 KDD 2021 论文，并获得了国际信息和知识管理会议 CIKM 2021 最佳演示论文二等奖，国际互联网大数据会议 WWW 2021 最佳研讨组论文奖等，以上都是中国计算机学会指定的大数据和人工智能重要会议的学术奖项。

力量迸发，产学研融合

在中国，人工智能发展正迅速崛起。2017 年，国务院印发的《新一代人工智能发展规划》描绘了未来十几年我国人工智能发展的宏伟蓝图，确立了"三步走"目标，为人工智能科研人员提供了巨大机会。如张鹏所言："我们中国是世界上人工智能发展第一梯队国家，政府的支持力度很大，市场的活跃度也很高。"

"三步走"战略堪称大智能时代的关键之举，对此，张鹏始终保持清醒的认识。

"对于我们从事人工智能研究的人员来讲，'三步走'战略给我们出了一道考题——怎么样顺应国家发展战略的节奏、步伐向前迈进。"对他而言，这道题的解答永无止境。"我们需要充分考虑技术发展和技术引领产业变革的趋势，踏准发展的节奏，做好产学研的部署。"张鹏如是说。

近年来，在数据安全和隐私计算研究中，张鹏的目标是解决整个数据产业中数据安全流通的问题。

经过前期调研，他发现每一块钱的隐私计算的投入，就能带来五倍的数据要素流转。"以整个金融行业为例，一块钱的数据要素的流转，能够带来六到八倍的金融业务的收入。未来它一定能够带动万亿元产业规模。"而这样重要的科研成果，与张鹏积极融入国家战略发展方向是密不可分的。

理论探索，自身的锤炼

"打铁还需自身硬"是张鹏的座右铭。他坚信，只有不断积累足够的技术，才能在科研和业务中脱颖而出。那么，如何做到"自身硬"呢？

张鹏表示："一方面，对于所研究的领域要持续地投入，保证科研持续产出。另一方面，解决问题很重要，能够发现新问题也很重要。对于行业发展，要有洞察力，能够发现问题、提出问题，并运用本学科的能力去解决问题。除此之外，也要积极与企业接触，多参加会议、论坛，与同行交流，才能碰撞出新想法、新成果。"

师表撷影

"学术像是一场长跑，要长久坚持，也要适当休息。"张鹏的科研之路，既保持着快速奔跑，也坚持在不经意间停歇一阵，回归生活，收获灵感。在他看来，学术活动的奔跑与停歇是相辅相成的，生活中或许会有大大小小的不如意之处，却能启发科研的新思路。他常常在休息中重燃激情，为下一轮的科研征程积蓄力量。

专注前行，学术的引领

采访中，"专注力"是张鹏经常提及的词语。

"专注力是你在短期内能够聚焦一个具体问题的能力；能够把时间集中起来，形成一个突破点的能力。"张鹏强调，"'专注力'既是对学生讲的，也是对导师讲的。"

解决问题或做实验时，学生思维发散得很快，只有将思维聚焦到相关问题的实验上，才能继续推进下去。所以，如何帮助学生培养专注力，一直是导师们难以解决的课题。

为此，张鹏提出："网络的信息量非常大，每天都有大量的文章发表。我们作为导师一定要给学生做好第一层滤网，对与学生研究的问题相关的论文和信息进行筛选。"

但如何保证学生将解决方案一以贯之地执行下去呢？

张鹏老师与学生交流探讨

张鹏从两方面破题——"一是联合其他科研单位，二是寻求更有经验的博士、博士后以及年轻的老师，一起解决方法上的问题，保证学生能够专注地研究。"张鹏说。

寻智藏形匿影，探路求索未来。张鹏用智慧筑起守护之墙，让心安常驻心间，献出一份与时俱进的答卷。未来，张鹏将继续紧跟"三步走"战略，探寻创新领域，求索科技前沿。

（供稿：科研院）

赫俊国团队：研制 C919 大型客机重心调配系统，保障"国之重器"

土木工程学院市政工程系赫俊国教授带领储昭瑞老师和何卓义、江伟勋等研究生组成的科研团队，历经五年，完成"C919 大型客机重心调配系统水箱、管路及动力系统的研制与调试"工作，有力保障国之重器——国产大飞机顺利获得适航证。

唯其艰巨　更显荣光

C919 大型客机是国之重器，是我国首款按照国际通行适航标准自行研制、具有自主知识产权的喷气式干线客机。

赫俊国教授自豪地说："能够带领我们团队参与到 C919 飞机的重心调配系统的研制工作并圆满完成任务倍感荣幸，我们也很高兴代表给水排水行业为大飞机事业做出专业贡献！"

"在飞机飞行状态下调整或保持飞机的重心是一系列工作的基础和前提。"赫俊国教授负责的重心调配系统就起着平衡重心的作用，从而为飞机保驾护航。飞机飞行时，重心调配系统能够根据地面配重信息、燃油消耗信息、起落架状态、重心调配系统配重状态等计算出飞机的实时重量和重心，并能够根据试飞要求，通过控制水配重在前后客舱内的传输，调整或保持飞机的重心，助力试飞试验的顺利安全进行。

调配重心　行稳致远

赫俊国教授主要研究方向是饮用水水质安全保障、污水处理及其资源化、海绵城市建设以及黑臭水体治理，其擅长的给水处理和污水处理工艺过程与

C919 飞机重心调配系统类似。但在本次 C919 飞机重心调配系统的研制工作中，重心计算、水量调配、新材料研发、阀门与水泵设计研发、动力系统设计等环节也对他提出了新的要求。

整套水配重系统研制经历了方案设计与讨论、图纸绘制、机械仿真试验和环境验证试验、特种设备的采购和加工、地面装配、地面模拟试验、机上模拟试验和机上正式试验等众多阶段。而在水配重系统的研发和实施过程中，除了要满足地面常规水调配系统的要求，还要求所有上机设备可以在特定的加速度、振动、冲击、高温、低温和电磁环境下正常工作，并保证系统运行中的密封性。为此，赫俊国教授团队研发了专用于重心调配系统的工艺控制方式、特种设备和特种材料，并设计了新型设备加工工艺，从而在满足强度和精度的基础上，大幅度降低设备装机质量。

面对众多未知领域的挑战，赫俊国教授的团队在整套系统的研发中不断攻坚克难，最终在水调配系统构成、以机械仿真为指导的水箱及管路设计、特种阀门的设计与研发、轻量化密封管件的设计与研发等多项领域中都取得了新的突破！

行而不辍　未来可期

赫俊国教授表示，在项目的参与过程中，他们感受到了中国大飞机团队的专业和严谨，感受到了中国航空人一丝不苟的态度，秉承着这样的精神与态度，中国大飞机事业一定会发展得越来越好！

赫俊国老师

目前，赫俊国教授的团队同时开展了 2 项国家基金项目和 1 项广东省重大研发计划的研究。这些项目有助于强化污泥消化过程，实现污水厂剩余污泥的减量化和资源化发展，为工程实践提供理论、技术基础。他还在推进《基于纳滤的珠江流域供水全流程处理关键技术研究》等校企合作研究，以帮助提升珠江流域饮用水品质，为将来实现更优质稳定的供水做出努力和贡献。

（供稿：宣传部）

减震防灾教师团队：全国高校黄大年式教师团队

近日，教育部公布了第二批"全国高校黄大年式教师团队"的认定结果，我校周福霖院士领衔的广州大学"减震防灾教师团队"成功入选！

奋力推进隔震前沿技术创新

心怀"国之大者"心系人民安危，奋力推进隔震前沿技术创新，为国家重大工程保驾护航，广州大学"减震防灾教师团队"数十年如一日，奋战在工程结构减震控制领域。

该团队负责人周福霖，是中国工程院院士、全国优秀共产党员、广州大学工程抗震研究中心主任、广州大学土木工程学院名誉院长、减震控制与结构安全国家重点实验室培育基地主任。

从 1976 年参加唐山大地震调查开始，周院士就立下为中国人建造地震中的"安全岛"的志向。1983 年留学结束，他放弃国外优渥的生活、科研环境，

团队带头人——周福霖院士

毅然回国，开启几十年建筑减震防灾研究和人才培养之路。近年来，他荣获全国五一劳动奖章，入选"中国好人榜"，被评为全国优秀共产党员。

减震防灾团队在周福霖院士带领下，矢志科技报国、立德树人、服务社会，致力于研究、发展、推广适用于我国工程减震防灾技术，勇担教书育人神圣使命，身体力行诠释了科技工作者和教育工作者的家国情怀和责任担当。

团队坚持学科特色、聚焦抗震防灾减灾领域，坚持人才引育结合，形成了具有国际视野、老中青梯队人才传帮带的学术和教学共同体，多人获评"南粤教书育人优秀教师"、广东省劳动模范、"感动广州的最美教师"，获得广东省五一劳动奖章。团队以"爱国、团结、专研、奉献"为精神底色，为服务国家和地方经济社会发展贡献智慧和力量。

教育教学：躬身育人　用心执教

团队坚守为党育人、为国育才使命。多年来，团队成员躬身示范、立德树人，坚持为本科生授课，担任本科生班主任、导师，积极探索创新人才培养，成立本科生"福霖班"。周福霖院士坚持为本科生上"开学第一课"，担任"福霖班"总班主任和总导师，全程负责学生的教育与培养。

近年来，团队成员指导学生科研立项、创新创业项目 31 项。其中，谭平指导学生获第五届中国国际"互联网＋"大学生创新创业大赛国赛银奖，刘海指导学生获第七届中国国际"互联网＋"大学生创新创业大赛国赛金奖。

广州大学本科生"福霖班"

团队将科研与教学紧密结合，注重教育教学改革。近年来，获广东省教学成果一等奖、广东省课程思政建设优秀案例二等奖，负责的课程"桥梁工程"被评为国家级精品资源共享课程、"高层建筑结构与抗震"被评为广东省精品资源共享课程。

科研创新：保驾护航"国之大者"

团队勇担国家民族赋予的重任，聚焦国家重大战略，在工程减震控制领域进行了前沿性、开创性研究，承担国家重大重点科研项目16项，出版专著37部。承担的973项目"近海重大交通工程地震破坏机理及全寿命性能设计与控制"为近海交通工程抗震设计理论和技术发展起到了推动作用；重点研发项目"工业化建筑隔震及消能减震关键技术"进一步发展和完善了减隔震控制理论和技术。这些项目将"顶天"的尖端防震减灾理论转化为"立地"的安全工程，攻克了减震防灾领域系列"卡脖子"技术，为我国在该领域做出12项奠基性、开拓性贡献。团队先后获国家科技奖6项，省部级科技奖等34项。

团队及科研平台建设成果显著，2013年入选教育部"创新团队发展计划"，2017年获教育部"创新团队发展计划"滚动支持，2020年被评为教育部省部共建"土木工程防灾减灾协同创新中心"。团队建设和研发了综合性能

从左到右依次是：国家科学技术进步奖一等奖（建筑结构基于性态的抗震设计理念、方法及应用）、国家科技进步奖二等奖（广州塔工程关键技术）、广东省科技进步奖一等奖［港珠澳大桥隔减震（振）关键技术研究与应用］

175

世界领先的振动台台阵和万吨多轴加载系统等隔减震试验设备，可充分满足本领域科研及服务社会需求。

服务社会　把论文写在祖国大地

团队坚持把论文写在祖国大地，积极推动减震防灾技术应用，在工程防震技术研究、标准化建设、工程咨询等方面，为政府、社会、企业提供服务，努力实现科技造福于民。

团队研发的隔震、减震与控制新理论新技术，为国家超级工程建设保驾护航——主持研究港珠澳跨海大桥工程的隔减震技术，为我国大型跨海桥梁采用隔减震技术提供范例。团队还先后完成了广州塔振动控制系统、故宫博物院文物隔震、汕头地震区海底隧道消能减震等技术，主持建成了我国第一栋橡胶支座隔震房屋，被联合国工业发展组织评价为"世界隔震技术发展第三个里程碑"。

在团队大力推动下，我国目前隔震建筑已超过15000余栋，涵盖大部分省市，为广州西塔、国际演艺中心等200多个工程项目提供技术咨询与支持服务。更为重要的是，团队为我国核电工程安全、四川地震灾区重建等提供技术支撑，助力国家重大决策与建设。汶川地震后，周福霖院士更作为国家汶川地震专家委员会专家委员，为灾后重建制定抗震标准及指导性意见，广东省委授予周福霖院士"广东省抗震救灾优秀共产党员"称号，当地政府特授予其"汶川县荣誉市民"称号。

团队担纲港珠澳大桥桥梁部分的隔震与减震设计

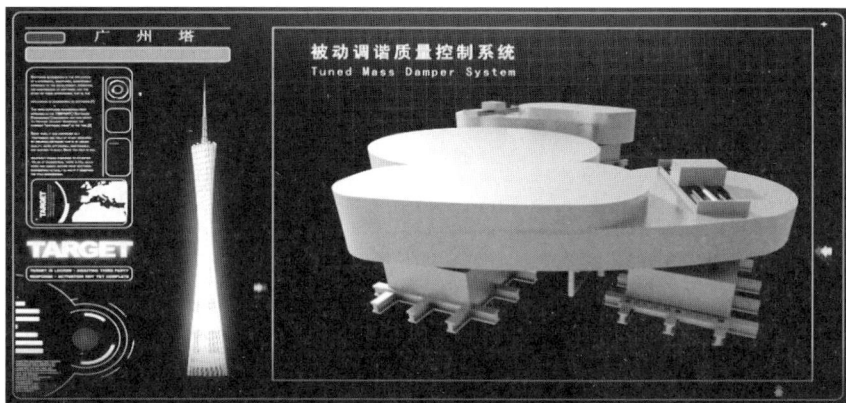

团队主持设计广州塔抗震阻尼系统

团队积极编写工程技术标准，为工程减隔震行业标准化发挥了巨大作用。主编国际标准 2 部，国家标准 6 部，行业与协会标准 10 余部，其中《建筑隔震设计标准》是世界上首部国家级隔震设计标准。团队还致力于提升中国技术在国际领域的话语权，参加国际标准《国际隔震技术标准》制定编写，主持《建筑弹性滑板支座》国际标准，带领中国迈进了国际减震防灾领域领先行列。

（该稿来源：《广州日报》）

郑吟老师：心系支教情　服务无止境

近年来，越来越多的"广大"青年选择在祖国边疆绽放青春之花，郑吟老师则是这些青春之花的浇灌者。她用心用情对待援藏援疆支教工作，从对接对口帮扶单位的需求，到广泛动员、选拔优秀学生参与实习，再到组织学生进行岗前体检、岗前基本功培训、实习支教过程管理及实习支教总结等各环节，事无巨细，郑吟老师始终干劲不褪，对待每一批学生支教队员热情如初。

支教没有终点，只有连续不断的接力点。近年来，我校实习支教队伍不断壮大，涉及西藏、新疆等地区，支教学生来自汉语言文学、数学、英语、思想政治教育等 12 个师范专业。至今，郑吟老师已选拔培训支教队员 174 人次，并在"GzU 波密支教实习大队"微信公众号及时发布实习支教推文 188 篇。在郑吟老师的努力工作下，我校实习支教工作得到了省教育厅、帮扶单位及社会各界的充分肯定和广泛好评，我校多次被广东省教育厅选为援藏发言代表单位和援疆牵头高校，并收到实习支教各方的感谢信。广东教育、波密电视台、

郑吟老师

疏附教育、广州日报、羊城晚报等多家新闻媒体对我校实习支教工作进行了 50 多次的报道，这在一定程度上促进了民族团结，并扩大了我校影响力和知名度。

将小我融进大我，在幕后的小舞台上演出大戏剧是郑吟老师的真实写照。她精心暖心，不仅为援藏、援疆的支教学生做好后勤服务保障，还时常关心学生的安全及生活学习；她既是学生的老师也是学生的朋友！她以实际行动延续"粤藏""粤疆"情谊，为教育帮扶工作做出了卓越贡献。

（供稿：教师发展与教学评估中心）

储昭瑞老师：夯实教学基本功，争做"四有"好老师

广东省第六届高校（本科）青年教师教学大赛（简称"青教赛"）已落下帷幕，从院赛、校赛的选拔，到省赛的初赛、决赛，再到站上总决赛的舞台，并获得一等奖，历时近一年时间。对于储昭瑞老师而言，这是一段跋山涉水的长路，是一段风景无限的旅程，更是一段学习成长的经历。

最深的感触：教学基本功是立身之本

这次青教赛给储老师最深的感触是："上好一门课"是一名大学教师的立身之本。教师应不断开阔知识视野，不仅要具备本学科坚实的知识基础，还要具备扎实的教学基本功。

最多的关爱：来自学校大家庭的温暖

青教赛的备赛过程是艰苦的，也是幸福的。教师发展与教学评估中心同学校工会、网络中心等各部门组建了强大的教练团，开设了多轮教学工作坊，进行教学设计分析、PPT 美化、模拟演练等集中培训，这给了储老师极大的帮助。

储昭瑞老师

最大的收获：争做"四有"好老师的信心

青教赛给了储老师很大的收获，让他有信心在教师岗位上做得更好。通过这次比赛，储老师全面提高了教学水平、教学理念和教学技能。他教书育人的理想信念进一步明确，立德树人的政治站位进一步提升，努力争做"四有"好老师的观念进一步增强。

（供稿：教师发展与教学评估中心）

马鸽老师：同频在线 共振育人

骄阳似火、烁玉流金，廿二之炎夏，马鸽老师代表学校参加两年一度的广东省高校（本科）青年教师教学大赛，历时九个月的备赛经历让她深刻体会到付出、收获与成长，也让她更加深刻感受到了三尺讲台的魅力与责任所在。

关于"她"——她变了、她没变

入职六年，她变了，变化的是年纪、是阅历也是体重，但不变的是对教育、对学生的热爱。比赛是一场展示，更是一次提升，让她站在更宽广的舞台上看到更多优秀的教师，使她对自己有更清晰的认识，对知识有更深刻的理解，对教法有更丰富的体验。

关于"教"——是技术、是艺术

青教赛打开了一扇窗，让老师们深刻体会台上酣畅淋漓、台下如痴如醉的

马鸽老师

背后竟然还有那么多理念的设计、内容的锤炼和细节的把控。马老师将这种精心设计的"艺术"应用到课堂，并将所思所想、所感所悟应用到教学，从"上好一堂课"到"上好一门课"，让学生受益。

关于"赛"——同频在线、共振育人

青教赛的赛程很长，老师们一起培训、一起思考、一起进步，每个人都想赢，但他们是对手更是队友，都在努力的过程中享受比赛的快乐和自我的成长。套用参赛课程"电路"中的两个重要术语，可谓是"同频在线、共振育人"，同频为大家怀揣赤诚教学之思维同频，共振则是集思广益使教学效果最优。

（供稿：教师发展与教学评估中心）

尚小琴老师：痴迷三尺讲台，立德明道、有心有力

7月5日上午，生化楼113会议室彩带飘飘、花香袅袅，座无虚席，自发前来的老师、学生将过道挤得满满当当，大家都满怀敬意、满怀深情地前来参加学院为尚小琴教授举行的荣休仪式。

尚小琴教授1994年到原广州大学工作，至今已满28个年头。这28年里，她深深爱着这片纯净的校园、爱着这三尺讲坛，爱着每一个学生。这28年间，

尚小琴老师

她全身心投入教育工作，先后获得广州市优秀教师、广东省教育系统创先争优优秀党员、广州大学教学名师等荣誉称号，她指导的学生获得全国化工实验大赛、"挑战杯"科技竞赛、化工设计大赛等全国性比赛一、二等奖7次。

作为教育战线上的教师党员，尚小琴教授注重自己"三观"培养的同时，坚持以理想信念教育为核心，加强学生的世界观、人生观、价值观教育，积极引导学生明确自己的社会责任，不断追求更高的目标。

在工作方面，尚小琴教授治学严谨，教风端正，对待教学工作一丝不苟，精益求精。她在教学工作中有突出的能力，有良好的语言表达能力和丰富的教学实践经验，教学改革思路清晰，对涉及领域有良好的知识积累。

作为课程负责人，尚小琴教授二十多年来一直置身于化工原理课程的改革和建设，倾注了大量的心血和精力，取得良好效果。她根据"新工科"多元化、创新型卓越工程创新人才培养的要求，优化重组课程教学内容，探索以学生为中心，培养学生"工程观念"和"创新意识"的课程教学组织新模式。

课堂教学中，尚小琴教授发挥学生的主观能动性，进行教学方法改革与实践，将传统的演绎式教学结合案例式、专题讨论式等教学模式，充分调动学生的学习积极性和潜能，全方位培养学生的工程创新能力，激发学生学习兴趣，课堂活跃，备受学生欢迎。她负责并主讲的化工原理课程被评为广州市精品课程、广东省精品资源共享课程、广东省视频公开课程。

尚小琴教授重视理论知识的实践应用，结合多年的实践教学经验，编写实

师表撷影

用的化工原理实验教材；在实验课程教学中，注重强化学生的职业素养，她组织并指导学生参加各种课外科技活动和课程竞赛，通过课程竞赛，培养学生分析问题、解决问题的工程实践能力，让教师能"以赛促教"总结指导方法，学生能"以赛促学"提高学习兴趣。

尚小琴教授用她 28 年的教学生涯很好地诠释了立德树人的教育根本宗旨，她培养的学生在社会上都取得了良好的成绩，成为行业的中坚力量。

2022 年 9 月 9 日，学校举行隆重的教师节表彰大会，会上尚小琴教授作为荣休教师代表发言，畅谈了她对教育事业的热爱、对学校的热爱，感动了在场的所有新老教师，也为自己的职业生涯画上了一个圆满的句号！

（供稿：化学化工学院）

王满四老师：心怀责任与理想，培育创新创业优秀人才

2021 年，在广东省教育厅公布的第十届广东省高等学校教学名师奖（本科）名单中，我校王满四教授名列其中。

王满四，教授，创新创业学院院长，博士生导师，广州大学生创业研究院执行院长，是国家一流本科专业建设点、国家级众创空间、广东省教学团队负责人，从事创业管理、公司金融与科技金融方面的教学与科研工作。多年来，他积极开展创新创业教育实践和孵化服务，培育学生创业团队 120 余支，注册公司 70 余家；获得国家级、省级教学成果奖 4 项，省部级科研成果奖 4 项，指导学生获得"互联网＋"大学生创新创业大赛国赛金奖 4 项、银奖 11 项。

不断追求，是本职与热爱

"我觉得老师是一份需要不断追求的职业。"被问及获得广东省高等学校教育名师奖的感受时，王满四教授说道。从教十八年，把课上好是他的初心，教书育人早已成为他的本分。由于多年来的教书育人经历、人生历练，王教授对创新创业领域的认识越来越深，将指导学生创业、教授创业课程的路不断延伸。是什么让他坚定地走上引领学生创业之路？王教授给出了他的答案："创新创业是时代的呼唤，我所在的大学城是创新创业的一个重要载体，我们应该让创新创业的种子在此发芽。"他和教学团队自主研发我校的创业课程——为课程编写教材，创建新教学方法，构建"线上线下平台＋团队全程陪伴＋跟踪指导服务"的互动研讨与深度参与教学模式，满足了培养创新创业人才的

需要，让学生能够真正实现学以致用。今天，他是三尺讲台上的一盏明灯，是学生创业路上的启蒙者和引路人。他希望在未来能够继续做好"教书育人"的本职工作，培育更多的栋梁之材。

言传身教，育人有方

王教授身体力行，率先垂范，将实干精神贯彻到底。他办公室深夜亮起的那盏灯，一次次鼓舞着准备项目的学生。自 2018 年起，作为学校"互联网＋"参赛团队的指导教师，王教授指导的学生团队已获金奖 4 项、银奖 11 项，去年国赛金奖项目创始人刘楠鑫获评 2021 年度全国大学生就业创业典型人物，今年国赛银奖项目"以伴教育"负责人龚旺获评中国优秀青年志愿者。

"育人不只是培育他获奖，还要进一步培育他们的创新创业精神。"在赛前，准备时间漫长、大赛要求高难度大、日常学习与工作要兼顾，作为指导教师的王教授，因为工作忙碌和备赛压力，头发也日渐花白。"准备比赛期间，同学和老师们都很累，更不必说在比赛时。"王教授坦言，比赛期间，学生团队经受的挫折并不少，也会感到沮丧。"即便如此，也要用铁打的精神和平常心态应对压力和挫折，这样才能更好地迎接接下来的挑战。"在王教授的耐心引导和鼓舞下，团队每个人都互相打气，拼尽全力，直至取得佳绩。王教授的学生——开拓优质课后托管和智慧教育服务的王浩兵以亲身经历，发出感慨："感谢我的老师王满四教授，让我在比赛中收获的不仅仅是奖杯，还有一种伴随整个创业过程的精神。"

王满四老师做第八届中国国际"互联网＋"大学生创新创业大赛主题讲座

肩负责任，继续前行

近年来，王满四教授带领创新创业学院承担了建设创业管理省级教学团队、创新创业理论与实践教研室等多个教学质量工程和改革项目。同时，创新创业学院也在他的带领下不断发展，收获成果：2017年，广州大学三创营众创空间被科技部列为国家级众创空间；我校团队在"互联网＋"省赛中从零起步到2021年实现金牌数全省第一；孵化的优秀学生创业团队不断增加，更有学生创业获千万级A轮融资……

2021年，在王教授和参赛团队的共同努力下，我校创造了在"互联网＋"大赛中的历史最佳成绩，被评为第七届省"互联网＋"大学生创新创业大赛先进单位。

谈及对未来的展望，王教授心怀责任与理想，希望能带领我校创新创业学院成为国家级双创学院，为培育创新创业优秀人才提供更好的环境。"为学生营造更好的创业氛围，帮他、扶他、培育他，我相信十年、二十年后，广州大学会涌现出更多的优秀创业学子、创业大咖。"

（供稿：创新创业学院）

丁之境老师：有追求、有厚度、有情怀

丁之境老师

丁之境，我校人文学院教授，广东省语文特级教师，广东省中小学名教师工作室主持人。他主持的教学成果获广州市教育研究院首届教学成果奖一等奖，作为主要成员参与的教学成果获广东省教育教学（基础教育）成果奖一等奖。多篇教学论文被中国人民大学复印报刊资料全文转载，著有《语文·生长》《语文之境：为生长而教》等。曾获广州市第三届十佳青年语文教师、广东省教育厅岗位排头兵、第六届全国中语"教改新星"等称号，享受广州市荔湾区人民政府特殊津贴。

教育大计，教师为本。师范教育是培养教师的主阵地、主渠道，师范强则教师强，教师

强则教育强。新时代须构建新师范教育，广东省启动新一轮"新师范"建设，明确提出健全协同育人机制，"吸引更多优秀中小学教师走进高校课堂"。广州大学在"十四五"规划中聚焦新师范，提出"做特师范""提升师范教育的影响力"等建设目标。正是在这样的契机下，丁之境老师通过学校的强基计划被引进到人文学院工作，从中学教师转型为大学教师，投入广州大学人文学院师范生的培养工作中。教育是一门薪火相传的事业，丁之境老师认为，如果能够通过自己的努力培养出更多优秀的师范生，将来走入中小学教育中去影响更多的孩子，这是一件多么有意义的事情啊！

不忘初心、牢记使命。丁之境老师深刻地认识到，他改变的只是中学教师的身份，而始终不变的，是立德树人的任务和为党育人、为国育才的使命。

（供稿：人文学院）

陈志伟老师：关爱学生　专心学术

陈志伟老师在 2017 年博士毕业后，就来到广州大学工作，不知不觉已经到了第六个年头。从跨入教师行业的第一天起，陈志伟老师就一直秉持着一个简单的信念：老师的首要职责就是教书育人与做好科研。

在教书育人方面，陈志伟老师认为思维方式的提升比知识的记忆更加重要，大学应该着重培养学生的批判性思维。批判性思维的养成离不开学术经典的阅读。为此，陈志伟老师积极参加读书会活动，带领学生阅读经典，让他们与伟大的灵魂对话，与深刻的思想交融。在课堂上，陈志伟老师非常注重

陈志伟老师

师表撷影

185

"问答逻辑"式的教学方法，鼓励学生质疑、提问乃至反驳，在一问一答中磨砺学生的思维方式。同时，陈志伟老师还非常关心学生的心理健康问题，非常注重与学生的课下交流，鼓励学生找他聊天，让学生在轻松的氛围中畅所欲言，从而帮助学生化解思想困惑、解决心理问题。在陈志伟老师看来，大学生一方面要思维敏锐，另一方面也要人格健全，这样才能在公共生活中"保持明智"，在私人生活中"达致幸福"。

在科研方面，陈志伟老师追踪学术前沿，探讨学术难题，发扬学术精神，超额完成学校规定的科研任务，在核心刊物上发表多篇文章。陈志伟老师也积极参与学院的学术活动，融入学术团队，注重学术交流，帮助学院营造良好的学术氛围。

（供稿：马克思主义学院）

丁云飞老师：初心不改　教泽流芳

丁云飞老师

2021 年，在广东省教育厅公布的第十届广东省高等学校教学名师奖（本科）名单中，我校丁云飞教授名列其中。

丁云飞，土木工程学院教授、博士生导师，建筑环境与能源应用工程专业"国家一流本科专业建设点""国家专业综合改革试点""广东省重点专业"负责人，主持广东省一流本科课程、广东省系列在线开放课程、广东省精品资源共享课、广东省课程思政示范团队、广东省教学团队建设；主编包括国家"十二五"规划教材在内的高校教材 7 部，主讲本科生及研究生多门主干课程，其中主讲的冷热源工程课程被评为广州大学优质课程；主持国家自然科学基金、广东省自然科学基金等多项科研项目，获国家专利优秀奖 1 项（第三）、广东省科技进步奖二等奖 2 项（第一、第二）、广东省教学成果奖二等奖 1 项（第一）等教学科研奖励。

2022 年是丁云飞教授走上教学道路的第三十二个年头。当谈及获得第十届广东省高等学校教学名师时，他谦虚地说道："我们学校有很多优秀的老师也参加了评选，他们做得都很不错。"他强调在个人获奖背后，更多的是学校与国家的支持。"国家对本科教学的高度重视，也促使老师投入更多的精力到教学事业中。"

1990 年，刚毕业的丁云飞来到广州大学的前身之一——华南建设学院（西院），迈出了他教育生涯的第一步。2000 年广州大学合并组建，丁云飞跟随原学院转入我校土木工程学院建筑设备工程系任教。他克服重重困难，与当时的尹业良教授筹建了新专业——制冷空调专业，也就是现在的建筑环境与能源应用工程专业（简称"建环专业"）。自本科毕业以来，丁云飞教授把三十多年的光阴都献给了广大。三十多年来，他一直行走在教书育人的道路上。谈到如今的广大，他感到无比自豪："我们学校近几年发展得很快，在全国范围得到了非常多的认可，很多老高校都羡慕我们的办学条件，我们的师资力量是很强的，包括实验条件也很好，这些都让我们学校进入了一个良性发展阶段。"

"工程专业不能关上门来办学，一定要结合实际工程。"丁云飞教授说，没有受过风吹日晒的老师没有办法教好学生进行工程管理，因为只有走进一线才能更好地了解工程。"工程中的新技术、新规范，作为老师是要密切关注和

工作中的丁云飞老师

追踪的，只有了解以后你才能在课堂教学中传导给学生。"正是这样，丁云飞教授时常走进工程一线，提高实践能力，并将专业领域前沿技术与规范带进课堂。他也先后攻读了硕士及博士学位，提升自己的理论水平。

在教学中，他习惯用工程实例来解释理论知识，经常带着学生前往一线交流，到工厂学习产品的加工以及装配，到现场了解机器的运行与操作，把抽象的课本知识形象化，强化教学效果。他主持制定的"融合递进式"实践教学体系已在我校建环专业实施多年，强化了学生工程能力的培养，受到了同行的高度关注。

在课堂教学之外，丁云飞教授还十分重视培养学生的创新创造能力。在社会转型速度加快的今天，故步自封是走不远的，如果不能跟上时代的步伐，就很容易被社会淘汰。对于创新，他也有独到的见解："设计出来的方案，不仅要创新，最主要的是实用，空中楼阁不行。"多年来，他秉持脚踏实地做创新的理念，指导大学生参加科技竞赛活动，如 CAR‑ASHREA 设计竞赛、MDV 中央空调设计大赛等。近年来，建环专业同学在各级各类竞赛中取得了优异成绩，特别是在专业领域最有影响的 CAR‑ASHREA 竞赛中，丁云飞教授参与指导的学生团队连续四年闯入决赛，1 次获一等奖、3 次获二等奖。

（供稿：土木工程学院）

袁仁淼老师：运气的背后，是不懈的努力和坚持

袁仁淼老师自 2017 年加入广州大学财务处以来，始终坚持工作在会计和财务管理第一线，秉持"依法诚信服务，科学认真工作，团结敬业奉献"的价值观，以财务安全为底线，以流程优化为抓手，认真践行为学校高水平大学建设服务的理念。

守正创新，强化依法理财

袁仁淼老师参与健全学校财务管理体系优化建设，实现及时追踪财务数据和资金流向，在预约报销方面实践广大方案；先后承担了学校财务系统对接省、市国库支付系统工作，在提高支付效率的同时加强资金监控、减少支付差错。

打造强有力财务管理团队

袁仁森老师按"专业＋专长""以点带面"的模式建设团队，将财务审核队伍建设融入日常管理、业务学习、专题研讨和培训，落实到每个业务层和具体点上，打造积极向上、充满正能量、专业高效的团队。

袁仁森老师

廉洁自律，严守职业操守

袁仁森老师长期在资金拨付存放、经费报销审核、银行账户审批、会计核算等高风险岗位工作，始终保持洁身自爱，不断强化廉洁自律意识。他严守勤政廉政，有效兜牢钱、财、物安全底线；坚持遵纪守法，自觉发挥党员模范示范作用，培养健康的生活方式和简单干净的朋友圈。

理论联系实际助力财务实践

袁仁森老师在《财务与会计》《会计之友》等期刊上发表专业论文多篇，主持和参与多项课题，注重理论联系实际。他结合教育政策和学校情况，充分发挥业务专长，在学校和上级部门实施重大改革时积极建言献策。

（供稿：财务处）

边思远老师：努力书写新时代青年奋斗的篇章

边思远老师自 2017 年加入广州大学财务处，先后在核算科和预算科工作，工作中爱岗敬业，生活上关心同志，始终坚持在平凡岗位上奉献，努力书写新时代青年奋斗的篇章。

在 2020 年初疫情突发时刻，边思远老师响应学校号召，作为党员主动申请回校值班，坚守岗位；2021 年 6 月作为第一批机关党员突击队成员，在初次大规模核酸检测缺乏经验的情况下，边摸索边工作，与各位突击队员圆满完成了全校核酸检测任务；2022 年学校临时管控期间，他值班七天，圆满完成任务。

边思远老师

作为党员，边思远老师一直以党章严格要求自己；作为财务处一名工作人员，他尽心尽力做好各项工作。

2019年，根据市人大常委会办公厅的要求，学校首次接受人大专题审查，作为材料编报重要成员，边思远老师常常工作到凌晨。他担任2020、2021年度学校决算编报工作小组组长，2020年度学校决算工作受到广州市财政局书面通报表扬，2021年经过三轮审核顺利完成市人大对学校决算报告的首次专题审查。

"志不求易者成，事不避难者进"，作为新时代青年，边思远老师把青春奋斗融入自己的事业，不断为学校高质量发展贡献力量。

（供稿：财务处）

梁金容师傅：平凡岗位不平凡的坚守

梁金容师傅

在建设高水平大学的道路上，众多工作在平凡岗位上的员工，在默默地坚守着、奉献着。厨工梁金容大姐于1992年入职桂花岗校区饮食中心，几年后因家人需要照顾离开岗位回归家庭。2006年8月，梁大姐又回到了桂花岗校区食堂工作，不知不觉在这个岗位兢兢业业坚守了20多个春秋。年复一年，岁月悄悄从梁大姐整理过的、消毒过的、洁净闪亮的餐具中划过，从食材清洗、砍切及窗前点卖等工作中闪过……梁大姐勤勤恳恳、任劳任怨，在自己的岗位上做好每一件事，微笑服务师生是她20多年来默默坚守的。

每天的就餐时间也是梁大姐最忙的时候，梁大姐负责的售卖窗口总是排满师生，不管多忙，来饭堂打饭的师生都能感受到梁大姐暖心的微笑服务，师生打完餐后，梁大姐都会微笑着说一句：谢谢！20多年如一日的微笑服务，温暖着师生的身心。有时候遇上手脚不方便的老师或学生来打饭，梁大姐总会将饭菜装好、盖好饭盒盖子、放入背心袋，系好结稳妥地交到对方手中，师生根本就不用担心饭菜会倒撒。遇上同事喉咙沙哑，无法清晰回答师生询问时，梁大姐就会主动帮忙解说，不厌其烦地充当同事的传话筒。

饮食中心的员工大都来自外地，遇上节假日，思乡念亲的氛围特别浓，梁大姐总是放弃休息，坚守岗位，或替同事顶班，让同事回家乡与亲人团聚，以解思乡之苦。

芸芸众生，大抵平凡，平凡的人生，平凡的工作，只要心中怀着不平凡的坚守，就能温暖身边的人。梁大姐，她做到了。

（供稿：后勤服务处）

林艺武师傅：十年如一日，躬身师生饮食服务第一线

岁月如歌，时光飞逝，2022年是林艺武师傅为广州大学服务的第19年。他担任过梅苑、菊苑、兰苑和竹苑食堂一楼大众班的班长，他带领着团队，本着为广大师生服务的理念，遵守食品安全法律法规，立足本职工作，适时创新，以优质的服务和可口的饭菜，满足不同师生的就餐需求。

担任班长期间，林艺武一直保持着创新精神和挑战精神。2008年，为应对广州大学食堂缺乏夜宵供应的困境，他多次带领团队到附近餐厅调研，开发菊苑食堂一楼的夜宵，深受学生喜爱。2018年7月和9月，连续两次负责军训教官的就餐接待，均获得教官和保卫处领导的好评。同时他每年多次负责学校招生办、校办等各部门大型活动盒饭和自助餐配送工作。

林艺武将其近20年担任班长的管理经验总结为以下五点：第一，坚决服从学校安排，做好食堂班组的安全工作，注重食品安全、生产安全、环境卫生和消防安全；第二，做好厨房管理，根据岗位分工明确，将各个岗位和各项工作职责落实到个人；第三，努力提高自身素质，以身作则，发挥非权力性影响力，以自身高尚品德塑造员工的良好品德；第四，工作过程中既要注重经济效益，也要注重开源节流，既要创新菜式提高营业额，也要节约成本抓毛利；第

林艺武师傅

五，经常与师生交流，及时了解师生用餐需求，开发新菜式，林师傅平均每周开发9个新菜式。

二十年如一日不忘初心，二十年如一日牢记使命，作为食堂一线生产人员，林艺武将最美好的青春奉献给了广大，把最美好的身影留在了广大，用灵巧的双手守护了广大师生的胃。他用自己的行动，在平凡的工作中感受不平凡的幸福。

（供稿：后勤服务处）

王学佃师傅：以校为家，甘做后勤服务的"马前卒"

在校园里，领导、同事总是热情地称他一声"老王"，从广州师专到广州大学合并，他在校工作了27个年头。在这27个春秋里，逢年过节回家陪父母不超过3次，他把大半个青春年华洒在了广大，从年轻小伙儿变成白发大叔，老去的是容颜，不变的是那份埋头苦干、简单纯朴的冲劲。他便是后勤服务处维修中心副主任、工程师，中共党员王学佃。

王学佃1995年来校从事后勤水电服务工作，先后担任维修班长、水电中心主任助理、维修服务中心副主任，不管岗位怎么变化，他始终坚持"师生为本、服务第一"理念，保持一颗服务至上的初心，从一名维修工成长为一名业务骨干、管理骨干。先后荣获广东高校后勤协会颁发的后勤服务之星、

2021年五星级党员、第16届亚运会颁发的广州亚运会亚残运会组委会嘉奖个人、第16届亚运会组委会广大体育馆团队授予的先进个人、广州大学颁发的军训优秀工作者等荣誉称号。

他责任担当，勇挑重担。随着广州大学高水平大学的建设，供电设备无法满足新增实验室的要求，根据学校的布置，由维修中心负责对理科北楼、图书馆进行电力增容。接到任务后，王学佃带领几名设备管理人员倾听职能部门、院系对电力增容的意见及需求，组织人员精心策划，制订出最佳方案，使增容项目完全达到使用单位安装设备的需求。从设计、施工、质量、验收严格把关，特别是在施工供电设备安装时，需要对原来的供电设施进行拆除，这就意味着施工期间理科北楼、图书馆无法供电，而学校网络机房在图书馆副楼四楼，如果停电，整个教学办公都无法进行，影响极大。王学佃组织施工单位、网络中心及各部门进行沟通，制订了停电应急方案，避免了由于停电影响学校日常办公、教学，保证了项目的顺利完成，受到了各方的好评。

他爱岗敬业、辛勤付出。"服务无小事，维修无大小"是王学佃经常挂在嘴边的口头禅。在2021年寒假，紧张忙碌了一个学期的师生终于可以放松一下心情，可是对王学佃及其带领的维修员工来说，假期与日常没有什么区别。就在放假第二天，行政东楼后座一条高质水管突然爆裂，淹没了校道。王学佃及时赶赴维修现场，迅速查明受损管道来路、走向，安排人员进行抢修。他带领大伙马不停蹄地拆旧管、焊接新管，加班加点到夜里十一点，终于完成了抢修任务。

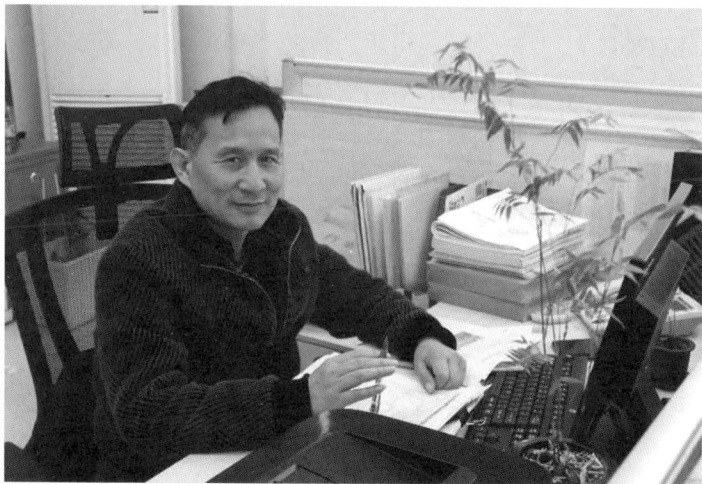

王学佃师傅

他无私奉献、不计得失。水电设备的正常运行，是我校教学、科研、生活的基础保障，维修中心每年都计划利用寒暑期对供电、供水设备进行检查维修。王学佃带领设备管理人员认真检查，测试着每一个零部件，现场核对每台进出柜的继保定值设置，对低压配电柜的电缆头、螺丝进行清洗加固，对断路器技术参数进行校整。他将内心的激情与责任付诸工作行动，为了使供电设施安全运行，达到各项参数要求，他时刻要求自己认真再认真，细致再细致，查缺补漏及时消缺，确保供电、供水设施始终处于健康、良好的状态。他常说的一句话是：辛苦点没有关系，能让师生安心工作学习我也就放心了。多么淳朴的话语。这种"特别能吃苦、特别能战斗、特别能奉献"的后勤"三特"精神在他身上得到了很好的体现。

"一语不能践，万卷徒空虚。"日复一日，年复一年，王学佃干着看似简单、平凡却起着关键作用的保障工作，在平凡的维修管理岗位上实现着自己的人生价值，以实际行动诠释新时期高校后勤人的精神。

（供稿：后勤服务处）

后勤维修队伍：以匠心，守初心

在广大数万名师生身后，有一支由近 80 位有丰富维修工作经验的师傅组成的后勤维修保障队伍。他们默默无闻，大爱无声，发扬后勤人"团结、求实、高效"的优良传统，弘扬埋头苦干、乐于奉献的敬业精神，在平凡的工作岗位上倾心奉献，彰显深厚的家校情怀和担当。

他们是精益求精、与时俱进、勇于创新的"排头兵"。2022 年 1 月，为进一步巩固"我为群众办实事"，着力解决师生群众"急愁难盼"问题，维修中心义无反顾扛起 2 号天桥西出口增设人行通道及环境提升改造的工作，对该区域道路铺设工作进行全面的规划和布局，上下通力协作，改造后的道路旧貌换新颜，解决了困扰师生已久的上下课高峰期拥堵问题，极大地提升了我校基础设施和校园面貌。为更好地支撑学校发展建设，后勤维修中心站在学校全局的高度，统筹规划，既解决师生"燃眉之急"，又积蓄"长远之利"。

他们是真诚奉献、开拓进取、默默奉献的"保障兵"。面对学校师生的热切期盼、学校高质量的建设发展，后勤维修人早已把攻坚克难当成了家常便饭。日常维修、专项维修、安全排查，从大处着眼、小处着手，维修队伍在一次次抢修、维修中为全校教学、生活、科研保驾护航，不断改善学校环境，着

后勤维修队伍合影

力打造有品质的育人环境，持续推进校园整体提升，全面提升维修质量，紧跟学校新形势，始终保持激情进取的奉献精神。

在推进学校高质量发展的道路上，后勤维修人正以认真负责、朴实无华的实际行动诠释"恪尽职守"的孺子牛精神，把汗水播洒在服务师生的征程上，把奋斗谱写在学校高质量发展的事业中。

（供稿：后勤服务处）

门诊部：为师生身体健康保驾护航

门诊部，是一个集医疗、教学、预防保健为一体的部门，是一个怀揣梦想、充满活力、救死扶伤的团队，致力于服务师生身体健康，全方位为师生保驾护航。

齐心协力，提供优质医疗服务，是门诊部一直以来的坚持。36081，它代表着近3年来门诊部年接诊量的平均数。然而它不仅是一个数据，更是团队肩负的责任和使命。在过去的三年里，门诊部面临着前所未有的困难：资源紧张、接诊量居高不下等。门诊部责任重大，不能有丝毫大意，医护人员们分工协作，迎难而上，冲锋在前，无所畏惧，为校园筑起一道铜墙，阻挡病毒的侵袭。

门诊部医护人员合影

他们是白衣天使，暖心守护师生身心健康。生病对于每一位患者来说都是一种身心折磨，除了为患者提供专业、敬业、耐心的医疗服务外，门诊部医护人员更注重人性化的管理和关爱。"感谢您给予的莫大善意，令我在陌生的城市中感受到温暖，祝新年快乐、万事如意。""谢谢您的一片至诚，因我……好在碰到您这样的好心人，我很幸运。""感谢医保科的老师们，因本人患有慢性疾病，身心受到巨大影响，是你们的关心和鼓励，让我得到极大鼓舞……"太多太多暖心的感谢，让他们深信一直以来的坚持与努力没有白费。

他们怀揣着对医学事业的无限热爱和敬畏之心，投身到校园医疗工作中；他们用专业素养和细致谨慎的态度，尽可能地为患者减轻负担和压力。在未来的日子里，他们将继续以更高的标准要求自己，承担起专业、耐心服务师生的重任；同时，也将竭力为学校建设做出贡献，为建设高水平大学贡献力量。

（供稿：后勤服务处）